# Dominio de la ii V menor para guitarra jazz

Domina el lenguaje de los solos menores de guitarra jazz

Publicado por **www.fundamental-changes.com**

ISBN: 978-1-911267-24-9

**www.fundamental-changes.com**

Para obtener más de 250 lecciones de guitarra gratuitas con videos visita:
**www.fundamental-changes.com**

# Contenido

# Otros libros de Fundamental Changes

*Guía completa para tocar guitarra blues - Libro 1: Guitarra rítmica*

*Guía completa para tocar guitarra blues - Libro 2: Fraseo melódico*

*Guía completa para tocar guitarra blues - Libro 3: Más allá de las pentatónicas*

*Guía completa para tocar guitarra blues - Compilación*

*El sistema CAGED y 100 licks para guitarra blues*

*Cambios fundamentales en guitarra jazz: el ii V I mayor*

*Solos de jazz blues para guitarra*

*Escalas de guitarra en contexto*

*Acordes de guitarra en contexto*

*Dominio de los acordes en guitarra jazz (Acordes de guitarra en contexto -Parte 2)*

*Técnica completa para guitarra moderna*

*Dominio de la guitarra funk*

*Teoría, técnica y escalas - Compilación completa para guitarra*

*Dominio de la lectura a primera vista para guitarra*

*El sistema CAGED y 100 licks para guitarra rock*

*Guía práctica de la teoría musical moderna para guitarristas*

*Lecciones de guitarra para principiantes: Guía esencial*

*Solos en tonos de acorde para guitarra jazz*

*Guitarra líder en el heavy metal*

*Solos pentatónicos exóticos para guitarra*

*Guitarra rítmica en el heavy metal*

*Continuidad armónica en guitarra jazz*

*Solos en jazz - Compilación completa*

*Compilación de acordes para guitarra jazz*

*Fingerstyle en la guitarra blues*

*Pop y rock para ukulele: Rasgueo*

*Solos en rock melódico para guitarra*

# Introducción

Ha pasado más de un año desde que escribí mi primer libro de Cambios Fundamentales sobre la progresión ii V I mayor. En ese momento quedé asombrado por los buenos comentarios y las opiniones positivas que recibí, sobre todo cuando me llegó una sentida carta de alguien referente a los retos personales documentados en la introducción. Todo lo que me propuse hacer fue escribir un proceso de aprendizaje de la improvisación del jazz sencillo y paso a paso; estoy conmovido por la respuesta. Gracias.

Entre los correos electrónicos que recibo, a menudo me preguntan cuándo estará disponible la continuación del libro. Una gran cantidad de personas me pidió un libro que aplicara mi proceso de pensamiento a la progresión ii V i menor (dos, cinco, uno). Me tomó un año, pero finalmente está aquí.

Toda la teoría vendrá más adelante, pero basta con decir que la ii V i menor es un animal muy diferente de la ii V I mayor, ya que puede tratarse de diferentes maneras. Se puede ver como una combinación de muchas escalas diferentes, por lo cual realmente hay una gran cantidad de enfoques que se pueden aplicar a la improvisación en su estructura.
Yo siempre sigo mis enfoques de "primera opción" para los solos a fin de no sobrecargar al lector con la teoría engorrosa. Al igual que con mi primer libro de jazz, te ayudaré a construir tus líneas de solos desde el principio, enfocándonos en la habilidad más fundamental en la interpretación del jazz/bebop: la sólida comprensión y aplicación de los arpegios y escalas bebop apropiadas.

Como ya he mencionado, la teoría a veces puede ser un poco complicada, así que siempre voy a resumir un concepto antes de lanzarme a una explicación más profunda. De esta manera puedes llegar directamente a la música si quieres omitir la teoría.

Por último, te recomiendo leer mi primer libro, *Cambios fundamentales en guitarra jazz* antes de sumergirte en este. Muchos de los conceptos aquí tratados se discuten en un nivel más básico.

# Obtén el audio

Los archivos de audio de este libro se pueden descargar de forma gratuita en **www.fundamental-changes.com** y el enlace se encuentra en la esquina superior derecha. Sólo tienes que seleccionar el título de este libro en el menú desplegable y seguir las instrucciones para obtener el audio.

Te recomendamos descargar los archivos directamente a tu computador, no a tu tableta, y extraerlos allí antes de añadirlos a tu biblioteca multimedia. Luego, ya puedes ponerlos en tu tableta, iPod o grabarlos en un CD. En la página de descarga hay un archivo de ayuda en PDF y también ofrecemos soporte técnico a través del formulario de contacto.

### Kindle / eReaders

Para sacarle el mayor provecho a este libro, recuerda que puedes pulsar dos veces cualquier imagen para verla más grande. Apaga la "visualización en columnas" y mantén tu Kindle en modo horizontal.

# Cómo aprender a tocar solos de guitarra jazz

La guitarra puede ser un instrumento complicado de aprender. No sólo tenemos que aprender las mismas escalas, arpegios y acordes que los otros instrumentos, sino que a menudo terminamos aprendiendo cada escala en muchas diferentes permutaciones de digitación. Esto es en sí mismo una gran cantidad de trabajo y, aunque es muy importante, nos puede distraer de nuestro objetivo principal: hacer música.

La música se trata de los sonidos, no de diferentes digitaciones en el diapasón, por lo que la forma en que yo enseño guitarra de jazz es centrarse primero en una sola posición del diapasón en una tonalidad. Piensa en esto: una octava en la música realmente es una distancia bastante grande. Dos octavas es enorme. En una posición en la guitarra podemos cubrir fácilmente dos octavas. Si tu audiencia cerrara los ojos, ¿cuántos sabrían que estás tocando en una posición?

Si bien la fluidez completa en todo el diapasón es nuestro objetivo a largo plazo, creo que siempre deberíamos formar nuestros oídos primero y preocuparnos por las peculiaridades de nuestro instrumento después. Nuestro objetivo principal es hacer y tocar música tan pronto como sea posible, y eliminar la distracción de aprender múltiples formas nos ayuda a hacer precisamente eso.

Una vez que estés familiarizado con los conceptos y sonidos de este libro, *por favor* explora otras posiciones y tonalidades de tu guitarra. Hay una cierta orientación al respecto en el capítulo final con algunas recomendaciones.

Por último, ¡*toca* este material! Busca algunas pistas de acompañamiento de estándares de jazz en YouTube o, incluso mejor, ¡forma una banda! Esta es la parte que da un poco de miedo, pero si estás con la gente adecuada no habrá críticas negativas, solamente refuerzo positivo. Además, es divertido y te enseñará más de lo que yo podría en cualquier libro. Hay una lista de canciones en el libro que hacen un excelente uso de la progresión ii V i menor. Apréndelas.

En caso de duda confía en tus oídos.

Diviértete y recuerda: si estás demasiado asustado por tocar una nota equivocada, no te estás esforzando lo suficiente ;-)

Todos los ejemplos de audio de este libro están disponibles para descarga *gratuita* en
**www.fundamental-changes.com/audio-downloads**

# Entendiendo la progresión ii V i menor

La progresión de acordes *ii V i menor* es vista por los músicos de jazz como una derivación de la escala menor armónica.

Sin embargo, como con muchas cosas en la música, hay algunas pequeñas alteraciones *estándar* que a menudo se utilizan para hacer que las cosas suenen un poco más agradables a los oídos occidentales.

Si leíste mi primer libro, *La ii V I mayor para guitarra bebop*, sabrás que esta progresión de acordes se llama "ii V I" porque estamos usando los acordes 2do, 5to y 1ro de la escala armonizada. En este caso utilizamos la escala *menor* armónica armonizada; por lo tanto, ii V i *menor*.

Para explicar aún más y hacer que el concepto sea mucho más claro, vamos a echar un vistazo a la teoría de acordes detrás de la progresión de acordes ii V i menor en términos de la escala menor armónica.

Aquí está la escala D menor armónica:

**Ejemplo 1a.**

Toca a través de esta escala y hazte una idea de su sonido. Esta es la base del ii V i menor.
Ahora podemos armonizar (construir acordes sobre) las notas 2da, 5ta y 1ra de la escala:

**Ejemplo 1b.**

Los diagramas de acordes en la parte superior de esta línea no son idénticos a la notación; sin embargo, son buenos voicings de guitarra para los acordes que formamos.

El 2do (ii) grado armonizado de la escala de D menor armónica (E) forma un acorde *menor 7b5* que se puede tocar así en la guitarra:

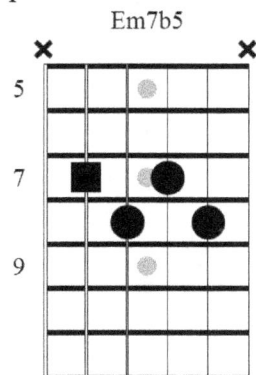
Em7b5

El acorde construido en la 1ra (i) nota (grado) de la escala es un acorde de *7ma menor/mayor*. Puede que no estés familiarizado con este acorde hasta ahora, pero puede entenderse como una tríada menor de tres notas (D F A) con una nota de 7ma *mayor* o *natural* añadida (C#).

Se puede tocar así:

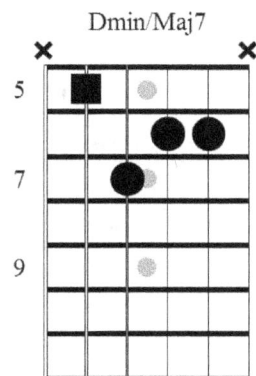
Dmin/Maj7

(Los dedos desde el bajo hasta la parte superior son 1, 4, 2, 3.)

El acorde V o *dominante* es A7 y por ahora vamos a utilizar esta útil forma de acorde con cejilla:

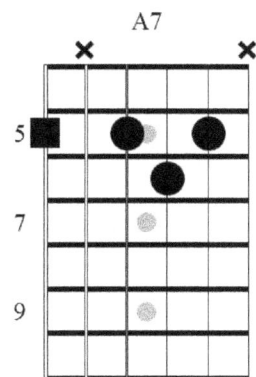
A7

Cuando usamos estos acordes en la progresión ii V i menor obtenemos la secuencia de acordes mostrada en el **ejemplo 1c:**

Esta es una ii V i menor en su forma más pura. Para dar su descripción completa, la progresión de acordes es:

**ii(m7b5) – V(7) – i(min/maj7)**

Esto es muy largo, así que normalmente sólo utilizamos la frase "ii V i menor" para describir la secuencia anterior.

Ten en cuenta que para ii y i usamos números romanos en *minúsculas*. Es una convención en la música usar minúsculas para denotar los acordes de tipo menor y mayúsculas para denotar los acordes de tipo mayor, por lo tanto es "V7" y *no* "v7".

Cuando tocas a través de esta progresión de acordes, ¿te das cuenta de que el acorde Dmin/Maj7 suena bastante tenso y sin resolver? Normalmente, el acorde tónico en una progresión actúa como una especie de punto final musical, pero esta tensión inherente en el acorde min/Maj7 no da cabida realmente a eso.

A menudo, los músicos no utilizan el acorde min/Maj como punto de resolución en una progresión de acordes. Tu *ves* que el acorde min/Maj7 es utilizado, pero si tuviera que adivinar diría que sólo se utiliza cerca del 20% de las veces. La mayoría de las progresiones de acordes ii V i menor normalmente usarán un acorde menor o de 7ma menor "normal" en lugar del acorde tónico min/Maj7.

Esto nos presenta un par de pequeñas dificultades para los solos que serán discutidas más adelante, pero por ahora la progresión de acordes ii V i menor que estudiaremos en este libro es la siguiente:

**Ejemplo 1d:**

Una composición memorable que *sí* usa el acorde min/Maj7 como resolución a una progresión ii V i menor es *Solar*, de Miles Davis. El voicing del acorde D menor 7 del el ejemplo anterior es el siguiente:

Dm7

Las dificultades para los solos que mencioné giran en torno al hecho de que el acorde D menor 7 del final *no* viene de la misma escala "madre" D armónica menor de la cual se derivan los acordes ii y V. (Si recuerdas, esperábamos un acorde min/Maj7).

Esto significa que tal vez tengamos que ajustar nuestra manera de pensar un poco cuando estamos tocando un solo sobre el acorde Dm7. Todo esto se tratará en capítulos posteriores y es una parte importante del sonido ii V i menor.

Por ahora, asegúrate de que eres capaz de tocar los acordes junto con una pista de acompañamiento.

Empieza por tocar cada acorde en el pulso 1 del compás.

Luego, trata de tocar en los pulsos 1 y 3 de cada compás.

También puedes tocar solamente en los pulsos 2 y 4 de cada compás.

Finalmente, intentar tocar el siguiente ritmo para hacer que la música cobre vida:

**Ejemplo 1e:**

Antes de pasar al siguiente capítulo, asegúrate de que puedes cambiar limpiamente entre los acordes dentro del tiempo con las pistas de acompañamiento lenta, media y rápida.

# Los fundamentos de los solos en ii V i menor

Un gran error que muchos guitarristas cometen es abordar la improvisación bebop desde la base de la interpretación de escalas.

El lenguaje del jazz inicial se desarrolló en los instrumentos de marcha como trompetas, trombones y clarinetes. Estos instrumentos son extremadamente eficientes para tocar líneas musicales rápidas basadas en arpegios, por lo cual el desarrollo de una comprensión adecuada y la conciencia auditiva del género bebop deberían ser siempre abordados desde la perspectiva de los arpegios; y no de las escalas.

Más tarde, vamos a utilizar escalas para "llenar los espacios", pero es esencial en este momento que nuestros conceptos y vocabulario musical se construyan a partir de una base sólida de arpegios.

Es justo decir que muchos solos de bebop se forman a partir de arpegios apropiados con los espacios rellenados con tonos de escala y notas de aproximación cromáticas.

Por desgracia para nosotros como guitarristas, los arpegios son más difíciles de tocar que las escalas en nuestro instrumento. Esta es una de las dificultades que debemos superar en nuestra manera de aprender el lenguaje del jazz. Las formas se volverán cómodas más rápido de lo que piensas, así que te animo a ir lentamente y perseverar con cualquier digitación de arpegio que quizás te parezca incómoda inicialmente.

### ¿Qué es un arpegio?

Un arpegio consiste en las notas de un acorde tocadas de forma secuencial y no de forma simultánea. Probablemente estés familiarizado con el concepto de nombrar tonos de acorde en términos de *fundamental, 3ra, 5ta y 7ma*. Se llaman así debido a la manera en que formamos acordes "saltándonos" notas de una escala madre.

Vamos a empezar por aprender los arpegios apropiados que se ajustan sobre acordes sucesivos en la progresión ii V i menor.

Sobre el acorde E minor7b5 (Em7b5), tocamos un arpegio Em7b5. (Fórmula 1 b3 b5 b7)
Sobre el acorde A7, tocamos un arpegio A7. (Fórmula 1 3 5 b7)
Sobre el acorde Dm7, tocamos un arpegio Dm7. (Fórmula 1 b3 5 b7)

En la notación, estos arpegios se pueden tocar de la siguiente manera:

**Ejemplo 2a**, Arpegio Em7b5:

Em7b5 Arpeggio

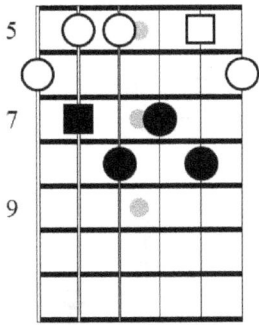

Observa que los puntos sólidos oscuros en la forma de arpegio forman el acorde Em7b5 que aprendiste en el capítulo anterior. La notación en la tablatura de arriba empieza en la nota fundamental cuadrada, E. Por el momento no es necesario tocar las dos notas más graves del diagrama del diapasón.

**Ejemplo 2b**, Arpegio A7:

A7 Arpeggio

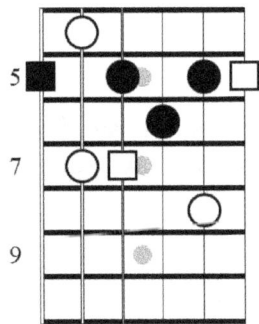

Una vez más, aquí los puntos sólidos son del acorde A7 que aprendiste previamente

**Ejemplo 2c**, Arpegio Dm7:

Dm7 Arpeggio

Una vez más, verás que los puntos sólidos son la forma de acorde que ya aprendiste, y las notas de arpegio se construyen alrededor de esa forma. Comienza en la nota fundamental cuadrada e ignora las notas de la cuerda grave por ahora.

Vamos a empezar por familiarizarnos con las relaciones de acorde a arpegio. Toca el acorde como se muestra por los puntos sólidos y luego toca el arpegio relacionado. Haz esto con los tres acordes.

Recuerda, los arpegios son sólo las notas del acorde tocadas consecutivamente.

Cuando estés cerca de tener los tres arpegios memorizados en torno a cada acorde, prueba el siguiente ejercicio con la pista de acompañamiento 1. Vamos a tocar *sólo* la fundamental de cada acorde/arpegio, mientras la pista de acompañamiento esté sonando.

**Ejercicio 2d:**

Si bien este ejercicio puede parecer simplista al principio, saber y escuchar dónde está tu fundamental es absolutamente esencial cuando se trata de tocar solos con seguridad. Observa que para el segundo compás de Dm7 toqué la octava más alta de la fundamental D. Prueba esta idea con cada compás de la siguiente manera:

**Ejercicio 2e:**

Toca esto de nuevo con las notas de cada compás invertidas, de manera que tocarás la fundamental de la octava más alta primero. En esta posición hay notas fundamentales sobre tres octavas en el arpegio A7. ¿Puede encontrarlas?

Siguiendo adelante, ahora vamos a repetir el ejercicio pero agregaremos la *3ra* de cada arpegio:

**Ejercicio 2f:**

Una vez más, invierte las secuencias de las notas en cada compás de modo que toques la 3ra primero, y luego la fundamental. Luego, toca los mismos intervalos en la octava más alta.

**Ejercicio 2g:**

Recuerde revertir las notas aquí también de forma que toques la 3ra de la octava más alta y *luego* la fundamental.

Los ejercicios como estos son extremadamente importantes para enseñarte cómo comenzar tus líneas desde notas que no sean la fundamental, estos aumentan tu conciencia visual y auditiva en la guitarra.
A continuación añadimos la 5ta a la fundamental y la 3ra:

**Ejercicio 2h:**

Una vez más, practica invirtiendo el orden de las notas en cada compás para que toques los intervalos 5ta, 3ra, fundamental, y luego repite los dos ejercicios en la octava más alta.

Por último, vamos a tocar las cuatro notas de cada arpegio, la fundamental, 3ra, 5ta y 7ma.

**Ejercicio 2i:**

Toca estos patrones en la octava más alta también, y si se te acaban las notas simplemente vuelve sobre tus pasos. Recuerda practicar cada compás descendiendo desde la 7ma de cada acorde:

**Ejercicio 2j:**

Em7(♭5)   A7   Dm7   Dm7

7TH. 5TH.
3RD. R.

```
Tab:
|--7--------------|-----------------|-----------------|-----------8---5-----------|
|--------8---5----|--5--------------|--5--------7-----|--------6---------7--------|
|------------7----|-----7---4-------|------7--------8--5--|
|-----------------|---------5-------|-----------------|
```

La capacidad de tocar el arpegio adecuado sobre cada acorde es un gran paso en el camino hacia dominar cualquier progresión bebop. No sólo están mejorando tus habilidades con la guitarra; tus oídos están mejorando también.

Mira esta etapa como la parte para aprender dónde yacen las notas fuertes de la progresión. Si siempre puedes oírlas y encontrarlas en tu guitarra, siempre serás capaz de resolver cualquier línea que estés tocando si confías en tus oídos.

Practica estas ideas con las tres pistas de acompañamiento en D de ii V i menor; lenta, media y rápida para aumentar tu competencia y capacidad técnica. A medida que tu confianza crece, cambia de nuevo a la pista de acompañamiento más lenta y domina los siguientes desafíos:

Sólo toca la 3ra de cada acorde. (Domina esto en la octava inferior, luego en una octava más alta, luego en ambas)
Solamente toca la 7ma de cada acorde.
Solamente toca la 5ta de cada acorde.
Toca la 3ra y luego la 7ma (primero en la octava baja y luego en la octava alta, finalmente toca ambas notas juntas como un acorde).
Toca la 7ma y luego la 3ra.
Toca los tonos de arpegio en el orden 3, 5, 7, 1.
Toca los tonos de arpegio en el orden 5, 7, 1, 3.
Toca los tonos de arpegio en el orden 7, 1, 3, 5.
Toca los tonos de arpegio en el orden 7, 5, 3, 1.
Toca los tonos de arpegio en el orden 3, 1, 7, 5.

No pases al siguiente capítulo hasta que estés muy cómodo con al menos los primeros cinco ejercicios de la lista anterior. El siguiente ejemplo es la respuesta al desafío 1 en la octava más baja, pero intencionalmente no te he dado las respuestas al resto. Esto es para ayudarte a mejorar tu visión, habilidades auditivas y conciencia del diapasón de forma independiente.

Aunque esto puede parecer difícil al principio, cíñete a esto y trata a los desafíos como "un sacrificio por tu propio bien". Pasar algún tiempo aquí pagará dividendos exponenciales para el resto de tu vida interpretando la guitarra jazz.

## Ejercicio 2k:

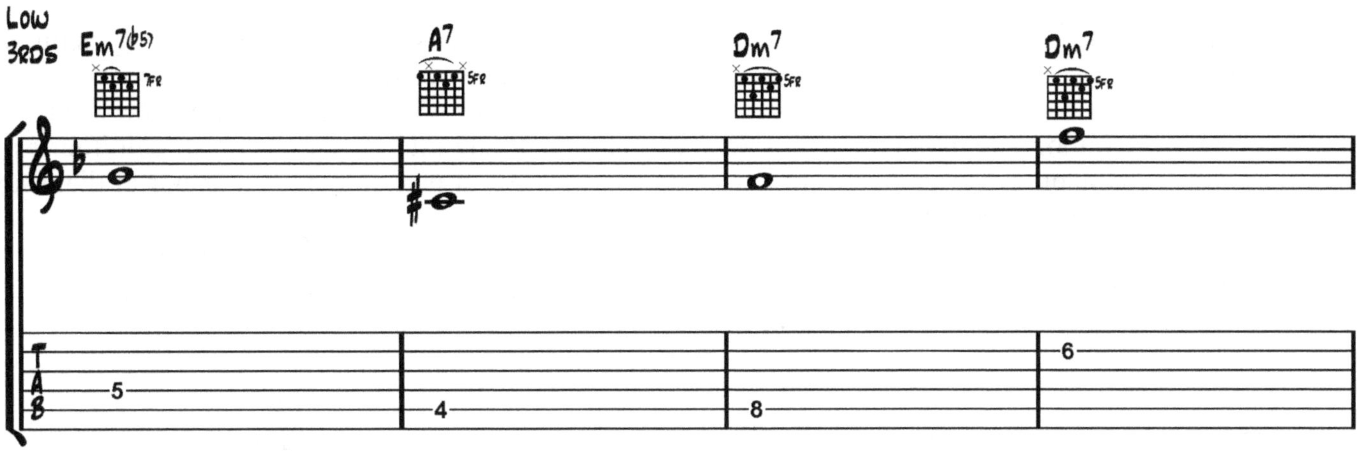

# Tocar los cambios con conexiones de arpegio

En el capítulo anterior estudiamos cómo utilizar arpegios apropiados para *esbozar* la progresión de acordes sobre la cual estábamos tocando los solos. Cada vez comenzamos desde el mismo tono de arpegio predefinido en cada acorde, por ejemplo, la 3ra de Em7b5, la 3ra de A7 y luego la 3ra de Dm7. Esta es una habilidad muy importante para practicar porque nos enseña dónde están los tonos de arpegio fuertes y definidos para cada acorde. Sin embargo, practicar de esta manera sí nos obliga a saltar por el diapasón dondequiera que cambie el acorde.

Ahora vamos a estudiar cómo unir arpegios utilizando el concepto del "tono más cercano disponible". En lugar de saltar a una nota predefinida cuando cambia el acorde, ahora nos moveremos a la nota más cercana en el nuevo arpegio. Estudia el **ejemplo 3a:**

Esta línea comienza ascendiendo el arpegio Em7b5 desde la fundamental. Cuando el acorde cambia a A7, en vez de saltar a la fundamental del A7, yo paso a la nota más cercana del arpegio A7 – en este caso es la 3ra (C#).

A partir de ahí continúo el ascenso y cuando es el momento de cambiar a Dm7, vuelvo a apuntarle a la nota más cercana en el arpegio Dm7, (F) que se encuentra en el 6to traste, segunda cuerda. Para terminar, desciendo el arpegio Dm7.

Esta es sólo una de la gran cantidad de permutaciones que tenemos disponibles al cambiar los acordes. Por ejemplo, cuando es el momento de cambiar al arpegio A7, no hay necesidad de que yo continúe ascendiendo en tono:

**Ejemplo 3b:**

En este ejemplo comienzo de la misma manera y cambio hacia el arpegio A7 en el mismo lugar; sin embargo, luego *desciendo* el arpegio A7 creando una línea de bebop completamente nueva. A medida que el acorde cambia a Dm7, paso desde la *5ta* del acorde A7 hacia la *b3ra* del arpegio Dm7. Este movimiento de un semitono es extremadamente fuerte en términos melódicos. Trata de tocar los dos ejemplos anteriores con y sin una pista de acompañamiento. Todavía deberías ser capaz de *oír* los acordes cambiando internamente incluso cuando la pista de acompañamiento no está sonando.

Por supuesto, podemos partir desde cualquier punto del arpegio. La siguiente línea inicia desde la *b3ra* del acorde Em7b5.

**Ejemplo 3c:**

¿Ves cómo puedo usar una secuencia melódica y *todavía* apuntarle al tono de arpegio más cercano a medida que cambia cada acorde?

Aquí hay otra línea ascendiendo desde el mismo lugar:

**Ejemplo 3d:**

La línea anterior asciende desde la *b3* de Em7b5 y le apunta a la *b7* de A7 antes de resolver en la *b3* de D menor.

Nuestras líneas también pueden comenzar con ideas descendentes como se muestra en **ejemplo 3e:**

El ejemplo 3e desciende desde la *b5* del acorde Em7b5, toca la *3ra* de A7 y resuelve un semitono arriba en la *b3* de Dm7. Al cambiar a Dm7, yo podría haber caído en la fundamental del acorde; sin embargo, caer en la fundamental en el pulso uno del acorde final puede ser un obstáculo cuando se trata de darle fuerza a tu solo. A menudo es mejor apuntarle a un tono de arpegio diferente ya que le dará a la línea melódica más impulso para avanzar.

Toma unos días para dejar que tus dedos recorran las formas de arpegio, siempre buscando el enlace melódico más cercano en el siguiente acorde.

La forma más eficiente y eficaz para explorar cómo se alteran las notas sobre los cambios de acordes es dividir la guitarra en grupos de dos cuerdas, y practicar los solos *únicamente* usando estos grupos. Por ejemplo, puedes limitarte a usar sólo las cuerdas uno y dos, dos y tres, tres y cuatro, cuatro y cinco o cinco y seis.

Estas son sólo algunas permutaciones que utilizan únicamente la primera y la segunda cuerda:

**Ejemplo 3f:**

**Ejemplo 3g:**

**Ejemplo 3h:**

Sigue explorando estas ideas con un rango limitado hasta que sientas que has agotado todas las posibilidades. Intenta repetir las notas individuales o usar patrones melódicos y saltos. Sólo cuando no se te ocurran más formas de moverte entre los tonos más cercanos en el cambio de acorde, pasa al grupo de las cuerdas segunda y tercera.

Pronto habrás memorizado cada movimiento en esta posición en tus dedos y en tus oídos.

A medida que adquieras más confianza a través de este procedimiento, practica con las tres pistas de acompañamiento de velocidades diferentes. También prueba los ejercicios usando solamente un metrónomo para ver si puedes escuchar los acordes cambiando mientras únicamente tocas la melodía del solo.

Observa que algunos de los tonos de arpegio son *comunes* a dos acodes adyacentes. Es posible que quieras evitar repetir la misma nota sobre un cambio de acorde al principio, pero más tarde descubrirás que los *tonos comunes* pueden convertirse en un recurso melódico muy fuerte y útil.

# Notas de aproximación cromáticas

Las notas de aproximación cromáticas realmente merecen un libro entero por aparte. Ellas constituyen un tema enorme y en realidad sólo podemos explorar la punta del iceberg aquí.

Una explicación general sería que "las notas de la melodía que caen sobre los *pulsos fuertes* deberían ser tonos de acorde y las notas que caen *entre* los pulsos fuertes deberían ser tonos de escala o notas de aproximación cromáticas".

Mientras que incluso el análisis más superficial de la frase anterior encontraría que no es cierta en muchas circunstancias, es, sin embargo, un punto de partida útil para aprender uno de los conceptos más importantes en el bebop.

Vamos a explorar el uso de *tonos de escala* en un capítulo posterior, pero por ahora vamos a examinar el concepto de la inserción de *notas de aproximación cromáticas* antes de los tonos de acorde rítmicamente fuertes.

Un nota de aproximación cromática puede ser cualquier nota de la melodía que se acerque a una nota objetivo mediante un semitono. Las notas de aproximación cromáticas están siempre *fuera* de la escala o la armonía predominantes, pero a veces las notas que se encuentran en la escala correspondiente se tratan de la misma manera que las notas de aproximación cromáticas.

Estudia el **ejemplo 4a:**

*Nota del traductor: Las siglas C.A.N. indican la nota de aproximación cromática (del inglés *Chromatic approach note*).

En el cuarto pulso del primer compás toqué la nota C natural que está un semitono por debajo de la C# a la cual quiero apuntarle en el compás dos. (C# es la *3ra* de A7). Esta C natural no tiene nada que ver con la armonía predominante; sin embargo, debido a que la coloco en una parte *débil* del compás y la resuelvo en un tono de arpegio *fuerte* en el compás dos, tiene un efecto muy melódico y agradable en la línea de la melodía.

Puedo usar el mismo concepto a medida que avanzamos hacia el compás tres. Mira el **ejemplo 4b:**

Una vez más, puse una nota cromática en el cuarto pulso del compás. Esta vez se podría decir que la nota es una verdadera *nota de paso cromática* debido a que la melodía entre los acordes A7 y Dm7 asciende con G, G#, A.

Es completamente aceptable que la nota de paso cromática sea tomada de fuera de nuestro centro tonal, pues se toca en un pulso débil y se resuelve de manera convincente en un tono de arpegio fuerte en el compás siguiente.

El **ejemplo 4c** es otra idea cromática que comienza a partir de la *b3* de Em7b5 y utiliza una nota de paso cromática ascendente entre cada acorde:

Las notas cromáticas no tienen que estar *en medio* las dos notas en cuestión. Podemos aproximarnos a *cualquier* nota de arpegio desde un semitono por debajo, siempre y cuando la nota cromática se coloque en un pulso débil.

Para mayor precisión, estas notas se denominan *notas de aproximación cromáticas*. El **ejercicio 4d** es un ejemplo de una nota de aproximación cromática desde abajo.

Como se puede ver, esta línea "salta" a una nota en un semitono por debajo de cada uno de los dos primeros cambios de acordes. Una vez más, ya que esto se produce en un pulso débil y se resuelve en un tono acorde en el compás siguiente, nuestros oídos aceptan la disonancia momentánea. En el compás tres utilizo una *verdadera* nota de paso cromática para pasar a la segunda octava del arpegio Dm7.

También podemos abordar un tono acorde desde un semitono por encima como en el **ejemplo 4e**:

Entre los compases uno y dos utilizo una nota de aproximación cromática desde abajo, pero entre los compases dos y tres utilizo una nota de aproximación cromática desde arriba.

Una gran manera de practicar la exploración de las ideas con notas de aproximación cromáticas es tocar tres negras en el compás y luego hacer un patrón cromático con corcheas en el pulso cuatro. El **ejercicio 4f** demuestra esta idea utilizando un concepto conocido como encajonamiento (*boxing in*):

Como ya he mencionado, las notas de aproximación cromáticas son un tema muy extenso, pero he tratado de mostrarte algunos de los enfoques más comunes para "llenar los espacios" entre los cambios de acordes. Estas ideas serán utilizadas frecuentemente en este libro y forman una gran parte del vocabulario musical bebop.

En su calidad de recurso melódico, las notas de aproximación cromáticas son también un recurso rítmico que se puede utilizar para "llenar un espacio" entre dos notas adyacentes, lo cual nos ayuda a "meter a la fuerza" una nota de arpegio en un pulso fuerte. Vamos a examinar esta idea en capítulos posteriores.

Por último vamos a estudiar una línea extremadamente cromática que te dará una idea de hasta qué punto se pueden llevar estos conceptos. **Ejemplo 4g:**

En lugar de marcar las notas que son alteraciones cromáticas, esta vez he resaltado únicamente los tonos de acorde. Como puedes ver, la mayoría de la línea se compone de notas de aproximación cromáticas mientras que aún le apuntamos a los tonos de acorde fuertes en la mayoría de los pulsos.

Las cuatro primeras notas del ejercicio anterior forman un patrón útil llamado "doble cromática arriba, doble cromática abajo". La nota objetivo en el Em7b5 queda insertada en el medio de dos notas de aproximación cromáticas a cada lado.

Revisa cada compás y "extrae" las ideas cromáticas utilizadas. Mira si puedes aplicarlas a un acorde. Por ejemplo, intenta apuntarle a todas las notas de un acorde A7 desde un semitono abajo como se muestra en el Dm7 del último compás anterior. No te preocupes por el ritmo en esta etapa; simplemente explora tantas posibilidades cromáticas como puedas.

## Arpegios extendidos 3-9

Una de las mayores innovaciones en el período bebop fue tocar arpegios que no comenzaban en la fundamental del acorde. En lugar de tocar desde la fundamental, los músicos de jazz a menudo utilizaban arpegios que iniciaban desde la 3ra del acorde. Construyendo un nuevo arpegio de cuatro notas desde la 3ra de un acorde, sucederán dos cosas:

1) Extendemos el arpegio hasta la *9na* del acorde/escala.
2) Evitamos tocar la fundamental.

Cuando tocamos la 9na de un acorde añadimos riqueza e interés a nuestra línea melódica. Esta nota puede darle más profundidad a nuestras melodías y ayudar a apartarnos de basar nuestros solos únicamente en las notas del acorde sobre el que estamos tocando.

Cuando estamos tocando con una banda, es normal que otro instrumento esté tocando la fundamental del acorde sobre el que estamos tocando el solo. Sin embargo, incluso cuando tocamos guitarra sin acompañamiento nuestros oídos pueden llenar mágicamente el espacio en las armonías cuando no incluimos la fundamental.

Toca algunas de las líneas del capítulo anterior sin una pista de acompañamiento. Incluso si no tocas la nota de bajo en el cambio aún puedes *oír* los cambios a medida que tocas el solo. Debido a esto, normalmente no hay una necesidad real de que hagamos énfasis en la fundamental de un acorde cuando tocamos un solo.

## Formando arpegios 3-9

Estudia el **ejemplo 5a:**

Los dos primeros compases muestran una escala D menor *natural* con las notas del arpegio Dm7 entre paréntesis. Así es como el arpegio se *extrae* de la escala. Comenzamos en la fundamental, omitimos la 2da, tocamos la 3ra, omitimos la 4ta, etc. Las notas de arpegio que has estado tocando en los capítulos anteriores se aíslan en el compás tres.

En el **ejemplo 5b**, repetí exactamente el mismo proceso aunque esta vez comienzo mi arpegio de cuatro notas desde la b3 del Dm7, (F).

**Ejemplo 5b:**

Al ascender cuatro notas de arpegio desde la F, mi nuevo arpegio añade la nota E (la 9na) y evita la nota D (la fundamental).

Podemos formar arpegios extendidos 3-9 en cualquier acorde con tal de que sepamos a cuál escala madre pertenece el acorde. En este caso estamos usando D menor natural como se describe en el capítulo 3.

Este es el diagrama del diapasón para nuestro nuevo arpegio 3-9:

**Ejemplo 5c:**

Como puedes ver, las notas "D" fundamentales están incluidas como triángulos para ayudarte a aprender este arpegio alrededor del acorde original Dm7 pero *¡NO se tocan en este arpegio!* Comienza el arpegio desde la nota F usando tu cuarto dedo y empieza a tocar de fundamental a fundamental. Aprende a verlo alrededor del acorde Dm7 que está al lado.

Aprende esta arpegio sobre y alrededor de un acorde Dm7 estático (pista de acompañamiento 9). Métete este importante sonido en los oídos y trata de hacer música con él.

El mismo concepto se puede aplicar a los acordes Em7b5 y A7, aunque, como has aprendido, las notas de estos acordes se derivan de la escala D *menor armónica*.

Mira el **ejemplo 5d.**

El primer compás del ejemplo 5d muestra nuestro arpegio Em7b5 original. Compara esto con el arpegio que se muestra en el segundo compás.

¿Puedes ver que empecé en la nota G, (b3) y continúo hacia arriba por el arpegio? Ambos arpegios tienen 3 notas en común, pero este arpegio b3-*b9* ahora incluye la nota "F" reemplazando a la fundamental E.

El **ejemplo 5e** muestra el diagrama de digitación de este arpegio b3-b9:

Una vez más, la fundamental del acorde, (E) se muestra como un cuadrado desvanecido para ayudarte a atar este patrón a tu acorde Em7b5 original, pero *no* se toca en este arpegio extendido. Empieza desde la nota G y aprende el nuevo arpegio alrededor del acorde Em7b5 que se muestra en el diagrama de la derecha. Practica este arpegio extendido sobre un acompañamiento improvisado en Em7b5 (pista de acompañamiento 8) para obtener el sonido de la nota extendida "b9" entre tus oídos.

Por último, vamos a repetir el proceso con nuestro acorde V, el A7.

**Ejemplo 5f:**

Aquí notarás que la 9na en el arpegio extendido se bemoliza. Puede que estuvieras esperando una 9 natural aquí, pero como el A7 viene de la escala menor armónica y no del acorde "mixolidio" de la escala mayor al que puede que estés acostumbrado, Bb es la nota correcta en este contexto.

El **ejemplo 5g** es el diagrama del diapasón del arpegio 3-b9 completo:

Este arpegio, cuando no se considera en relación con el acorde A7 es en realidad un arpegio Bb disminuido 7.

Tocar un arpegio de 7ma disminuido en la 3ra de un acorde de 7ma dominante es una de las sustituciones más comunes en el jazz. Funcionará sobre las progresiones ii V I mayores y menores.

# Solos usando arpegios extendidos

Ahora que hemos aprendido a formar y a tocar arpegios extendidos, vamos a aplicarlos a los solos en la progresión ii V i menor.

Considero que hay tres etapas claras cuando se está aprendiendo a tocar solos con arpegios sobre cambios de acordes:

1) Comenzar los arpegios desde un *intervalo determinado* cada vez; por ejemplo, cada arpegio a su vez comienza a partir de la 3ra o la 7ma etc.
2) Conectar los arpegios utilizando el *concepto de la nota más cercana*. Por ejemplo, pasar a la nota más cercana posible en el siguiente arpegio.
3) Conectar los arpegios utilizando *notas de aproximación cromáticas* para rellenar los espacios rítmicos y para añadir interés melódico.

## Apuntar a intervalos específicos en los cambios de acordes

Ahora exploremos estas etapas usando arpegios extendidos 3-9 en la ii V i menor en D.

En el **ejemplo 6a** cada arpegio extendido se toca sobre cada acorde a su vez comenzando en la fundamental. Nótese bien que cuando digo la fundamental, me refiero a la fundamental del *arpegio extendido 3-9*, no la del acorde original.

**Ejemplo 6a:**

Puede ser de ayuda aprender estos ejemplos rasgueando un acorde primero y luego tocando el arpegio extendido de 4 notas que está asociado a él. Esto te ayudará a asociar fuertemente cada idea melódica con la forma acorde correcta.

Luego trata de aprender cada arpegio *descendiendo* desde la fundamental, como se muestra en **ejemplo 6b:**

El **ejemplo 6c** demuestra los arpegios extendidos tocados desde 3-9:

También aprende esta idea desde las notas graves de la octava más alta y desciende el arpegio.

El **ejemplo 6d** muestra los arpegios extendidos tocados desde la 5ta. También aprende esto descendiendo desde la octava más alta:

Por último, el **ejemplo 6e** se toca desde la *7ma* de cada arpegio extendido:

Una vez más, encuentra la nota grave en la octava más alta y luego desciende a través del arpegio también.

Practica todas estas ideas con la pista de acompañamiento ii V i más lenta para que tus oídos se acostumbren al sonido de estas importantes texturas de los arpegios extendidos.

## Apuntar al cambio más cercano con arpegios extendidos

Cuando estas ideas de arpegios extendidos se vuelvan más naturales en tus dedos será el momento de pasar a tocar la nota más cercana en cada cambio. Aquí es donde los ejercicios empiezan a sonar más musicales.

El siguiente ejemplo inicia desde la 3ra de Em7b5 y se toca subiendo por el arpegio extendido (b3-b9). La nota más cercana cuando el acorde cambia a A7 es E (5ta de A7). Luego, desciendo el arpegio extendido antes de resolver en la b3ra de Dm7.

**Ejemplo 6f:**

El siguiente ejemplo inicia de la misma forma, pero pasa a la b7 del acorde A7 para crear una nueva línea.

**Ejemplo 6g:**

En el siguiente ejemplo conecto entre sí las formas descendentes mientras que cambio a la nota más cercana en cada arpegio cuando el acorde cambia.

En el compás cuatro salto a la fundamental D que había estado evitando hasta este punto. Observa que la resolución es extremadamente fuerte, casi como una parada abrupta en nuestra línea melódica.

**Ejemplo 6h:**

El siguiente ejemplo fue creado limitando mi interpretación sólo a las cuerdas 3ra y 2da. Una vez más, siempre le apunto al cambio melódico más cercano entre los acordes.

**Ejemplo 6i:**

Este último ejemplo muestra que puedes utilizar el concepto de la nota más cercana no sólo en la última nota de cada acorde, sino también en la primera. Toca el siguiente ejemplo y observa cómo sigo volviendo a la nota más cercana *en la parte superior* del arpegio descendente.

**Ejemplo 6j:**

En el ejemplo anterior, los oídos del oyente se fijarán en la primera nota de cada compás y este tipo de idea melódica puede transmitir mucha fuerza a cualquier solo.

Pasa tanto tiempo como puedas investigando estas permutaciones en los solos sobre los cambios de acordes. Volverás a este ejercicio para cada nueva progresión de acordes que te encuentres durante tu aprendizaje de la guitarra jazz.

El método más rápido y más eficiente para aprender a tocar solos sobre los nuevos cambios de acordes es limitar tu interpretación a grupos de dos cuerdas y explorar todas las formas imaginables para apuntarle a los tonos de arpegio sobre los cambios de acordes.
A medida que mejores tu capacidad de ver y oír los cambios avanza a pistas de acompañamiento más rápidas o comienza a usar líneas de corcheas.

# Conectar arpegios extendidos usando notas de aproximación cromáticas

A medida que te familiarices con la ubicación de cada nota objetivo tienes que empezar a vincular los arpegios extendidos con las notas de aproximación cromáticas, tal como lo hicimos anteriormente en el libro.

Por el momento nos vamos a quedar con los ritmos de negras, ya que realmente te ayudan a desarrollar tu oído. Si te ciñes a este enfoque, con el tiempo serás capaz de "sentir" y escuchar automáticamente dónde se encuentran las resoluciones fuertes en tus dedos. Además, estas líneas de negras son muy útiles cuando se duplica la densidad de acordes.

Por ejemplo, las progresiones de ii V i menor a menudo ocurren durante sólo dos compases y no cuatro como se muestra en el **ejemplo 6k:**

Esta es la misma línea del ejemplo 6j pero esta vez se toca como corcheas durante dos compases. Puede ser fácil desarrollar ritmos de corchea en bebop cuando tenemos las resoluciones de negra fundamentales en nuestros oídos.

Esto debería destacar la importancia de ceñirse a los ritmos de negra, durante el aprendizaje de estos conceptos fundamentales. Vamos a empezar a buscar líneas de corcheas en el siguiente capítulo cuando estudiemos las escalas bebop.

Los siguientes ejemplos usan notas de aproximación cromáticas para apuntarle a tonos de acorde en los arpegios extendidos 3-9. **Ejemplo 7a:**

El ejemplo 7a le apunta a la 5ta de A7 desde un semitono abajo y a la 5ta de Dm7 desde un semitono abajo.

**Ejemplo 7b:**

El ejemplo 7b utiliza notas de paso cromáticas hacia la b7 de A7 y la b3 de Dm7.

**Ejemplo 7c:**

En el ejemplo 7c "encajono" (box in) la 5ta de A7 y luego uso la misma técnica para abordar la 5ta de Dm7

**Ejemplo 7d:**

En el ejemplo 7d "encajono" la 3ra de A7 y abordo la 5ta de Dm7 cromáticamente desde abajo.

Hay cientos de maneras de conectar los tonos de acorde con las notas de aproximación cromáticas, así que dedicar un tiempo cada día para idear nuevos métodos siempre vale la pena.

Siempre que tengas un tono de acorde o extensión (9na) en el pulso no estarás equivocado. A medida que desarrolles tu oído y transcribas más solos de los maestros improvisadores, te darás cuenta de que no necesitas un tono acorde en *cada* pulso (algunos patrones de notas de aproximación cromáticas pueden ser bastante largos). Confía en tus oídos.

Siempre empieza por aprender patrones de notas de aproximación cromáticas como ritmos de negras como lo hicimos en los ejemplos anteriores, pero si estás ansioso por tocarlos como líneas bebop en corcheas intenta tocarlos con un "tiempo doble" sobre una de las pistas de acompañamiento de "cambios rápidos".

# La escala frigia dominante bebop

Las escalas "bebop" son escalas de ocho notas creadas mediante la adición de una nota cromática a las escalas estándar de siete notas.

El bebop como forma musical gira en torno a grupos rápidos de corcheas. Mediante el uso de escalas de 8 notas (octatónicas) podemos tocar largos fragmentos con escalas que mantienen *automáticamente* los tonos de arpegio fuertes en el pulso.

En otras palabras, debido a que tenemos un número *par* de notas en la escala, cuando empezamos en un tono de acorde y tocamos hacia arriba o hacia abajo en corcheas, los otros tonos de acorde quedarán automáticamente en los pulsos fuertes.

Esto se puede ver en el siguiente ejemplo con las escalas frigia dominante y frigia dominante "bebop".

Veamos la escala estándar frigia dominante de siete notas en A. Esto se muestra en dos octavas en el **ejemplo 8a**.

Las notas de arpegio desde el acorde A7 se resaltan con paréntesis. Hasta el final del primer compás las notas de arpegio están todas en los pulsos fuertes (pulsos 1, 2, 3 y 4), pero debido a que esta es una escala de siete notas, en la segunda octava *todas las notas de acorde caen en el pulso inacentuado*.

Como sabes, esto es extremadamente indeseable porque todas las notas de arpegio fuertes ahora caen en partes rítmicamente débiles del compás.

La forma de remediar esto es añadiendo una nota de paso cromática entre la b7 y la fundamental. Al añadir esta 7ma *natural* hemos creado una escala de ocho notas que hará que los tonos de arpegio fuertes caigan en los pulsos fuertes del compás.

La escala que creamos es la frigia dominante bebop y es una de las escalas más importantes del jazz.

**Ejemplo 8b:**

A Phrygian Dominant
Bebop

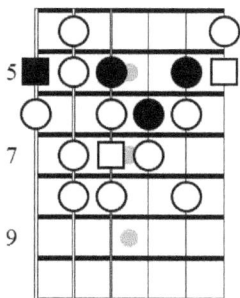

**A⁷**

A PHRYGIAN DOMINANT BEBOP

1  ♭2  3  4  5  ♭6  ♭7  ♮7  1  ♭2  3  4  5  ♭6  ♭7  ♮7  1

Examina las notas entre paréntesis del ejemplo 8b. ¿Puedes ver cómo la nota adicional obliga a los tonos de arpegio a caer siempre sobre un pulso fuerte? En este ejemplo empecé en la fundamental de la escala; sin embargo, lo mismo sucede *en cualquier* tono de acorde en el que comiences, y en *cualquier dirección* en la que se mueva tu melodía.

Por ejemplo, aquí hay una línea que desciende dos octavas desde la 5ta de A7 (E).

**Ejemplo 8c:**

**A⁷**

A PHRYGIAN DOMINANT BEBOP (DESCENDING FROM 5TH)

5  4  3  ♭2  1  ♮7  ♭7  ♭6  5  4  3  ♭2  1

Puedes cambiar de dirección en cualquier punto de la escala siempre y cuando vuelvas a una nota de arpegio en el pulso.

**Ejemplo 8d:**

A⁷

3  4  5  b6  b7  b6  5  b6   b7  ♮7  1  ♮7  b7  b6  5  4    3  b2  1

3  4  5  b6  b7  b6  5  b6   b7  ♮7  1  ♮7  b7  b6  5  4    3  b2  1

Estoy seguro de que estás empezando a ver la utilidad de la escala frigia dominante bebop sobre el acorde V en una ii V i menor. Las preguntas que no he abordado son: de *dónde* viene esta escala, y *por qué* se ajusta tan perfectamente en este contexto musical.

La progresión ii V i menor se deriva de la escala menor armónica armonizada, por lo tanto se dice que la armónica menor es nuestra escala *madre*.

A pesar de haber alterado el acorde tónico final para ser un Dm7 en lugar de un Dmin/Maj7, el sonido menor armónico domina la progresión sobre todo durante los dos primeros acordes.

Aunque *podríamos* pensar en la escala menor armónica cuando estamos tocando los solos, la *mayoría* de los músicos de jazz siempre van a ver una progresión ii V i desde el punto de vista del acorde *dominante* (V). El acorde dominante, en nuestro caso A7, es simplemente un sonido musical más fuerte y es normalmente donde la mayor parte de la tensión armónica y melódica estará en una progresión.

El quinto modo de la escala menor armónica se llama frigio dominante y pronto será natural para ti ver *toda* la progresión ii V i desde el punto de vista de la escala frigia dominante (bebop).

## Em7b5/A = A7b9sus4

Quizás te estés preguntando si está bien tocar la escala frigia dominante bebop sobre el acorde iim7b5 así como el acorde V7. La respuesta es: por supuesto que sí, aunque la teoría para explicar el por qué puede parecer un poco intensa en el papel.

Si estás ansioso por tocar y obviar la parte teórica, la respuesta corta es que el acorde ii, (Em7b5) funciona como una versión suspendida del acorde A7, casi de la misma manera que un acorde Dsus4 se resuelve en D mayor. Por esta razón, está bien tocar A frigia dominante sobre Em7b5; ¡de hecho, sobre los cambios "rápidos" la recomendaría mucho!

La respuesta más larga y un poco más compleja es evidente cuando nos fijamos en las notas de Em7b5 *sobre* una nota de bajo de A. Como un acorde "slash", esto se puede escribir como Em7b5/A.

El **ejemplo 8e** muestra cuáles intervalos forman las notas de arpegio de Em7b5 cuando se tocan sobre una nota de bajo de A.

El acorde de Em7b5 puede ser visto como un acorde A7b9sus4.

Vuelve al ejemplo 5f y verás que el arpegio extendido que tocamos en el acorde A7 ya contiene la nota b9 (Bb), por lo que la única diferencia en este acorde es que hemos sustituido la 3ra mayor de A7 con la 4ta. Hemos creado el acorde A7b9sus4.

La 4ta suspendida en el acorde A7b9sus4 (Em7b5) cae a la 3ra mayor en el acorde V (A7). Esto significa que ahora podemos ver nuestra ii V i menor como la siguiente progresión. He proporcionado algunos voicings de acordes si deseas tocar a través de estos acordes.

**Ejemplo 8f:**

Vuelve a mirar el ejemplo 6h. Observa cómo el movimiento de arpegio en el cambio de acorde refleja el movimiento de acordes en el ejemplo anterior.

De ello se desprende que, si nos ceñimos a nuestro enfoque de "notas de arpegio fuertes en los pulsos fuertes", la escala frigia dominante bebop es muy apropiada para usarse sobre toda la parte "ii V" de la progresión.

De hecho, si quieres, puedes continuar con una escala frigia dominante normal (no bebop) en el acorde Dm7 tónico, pues A frigia dominante *es la misma escala* que D menor armónica: simplemente basa tus líneas de escala en el arpegio Dm7. Pero D menor armónica tiene una nota bebop diferente, ¡así que ten cuidado!

La principal enseñanza de toda esta teoría es que la mayor parte del tiempo, en especial en un "cambio rápido" de ii V i menor, podemos ignorar efectivamente el acorde iim7b5 si queremos. Por supuesto, si deseas articularlo hazlo, pero ese enfoque es normalmente más adecuado para los cambios "largos" en tempos más lentos.

## Combinar arpegios con la escala frigia dominante bebop

La escala frigia dominante bebop es una parte muy importante del repertorio bebop. Es uno de los pilares fundamentales del lenguaje del jazz, de modo que practicarla es esencial para tu estudio. Por el resto de este capítulo trataré al acorde Em7b5 como un acorde A7b9sus4, es decir, será ignorado. Cualquier choque generado al tocar la 3ra mayor (C#) contra la D (sus4) será momentáneo y no hay que preocuparse por esto ahora.

**Ejemplo 9a:**

El ejemplo 9a comienza en la 5ta de A7 (fundamental de Em7b5) y asciende la escala frigia dominante bebop, de nuevo apuntándole a la 5ta de A7. La línea luego desciende la escala bebop resolviéndose en la 5ta de Dm7.

Toca con la pista de acompañamiento lenta y analiza la línea para ver dónde caen las notas de arpegio. Cuando ganes más confianza, pasa a pistas de acompañamiento más rápidas. Adopta el mismo enfoque con todas las líneas de este capítulo. **Ejemplo 9b:**

Esta línea comienza en la 3ra mayor (C#) del acorde A7 y desciende a través de la escala frigia dominante bebop apuntándole a la b7 de A7 y la 5ta de Dm7.

**Ejemplo 9c:**

Esta línea melódica le apunta a la b7 de A7 y desciende una figura arpegio en el Dm7.

**Ejemplo 9d:**

Aquí le apuntamos a la fundamental de A7 y la fundamental de Dm7. ¿Ves el movimiento D-C#-C en el acorde Dm7? Esto fue tomado de la escala D eólica bebop de la cual hablaremos en el siguiente capítulo.

Examina el **ejemplo 9e:**

El ejemplo 9e muestra que no *siempre* tienes que empezar en un tono de arpegio cuando utilizas la escala bebop. Siempre puedes añadir una nota de aproximación cromática para caer en una nota de arpegio en un pulso fuerte.

En el ejemplo 9e, comienzo en la b13 (F), que definitivamente no es un tono de arpegio. Con el fin de tocar un tono de arpegio en un pulso fuerte utilizo la nota de paso cromática F# para rellenar el espacio entre F y G. Esto me permite tocar la b7 (G) del acorde A7 en el pulso dos.

Observa que cuando desciendo la secuencia similar en el compás dos no uso esta alteración cromática porque mis tonos de acorde ya están en el pulso.

Intenta encontrar algunos otros tonos que no sean de acorde para comenzar tus líneas y, luego, utiliza el cromatismo para ayudarte a volver al enfoque normal de "nota fuerte en un pulso fuerte".

Ahora veamos algunas líneas de frigia dominante bebop sobre cambios rápidos de ii V i menor.

**Ejemplo 9f:**

El ejemplo 9f empieza en la b7 de A7, asciende la escala frigia dominante bebop hacia la fundamental de A antes de usar un patrón de nota de aproximación hacia la b3ra de Dm7.

**Ejemplo 9g:**

En el ejemplo 9g "encajono" la 3ra de A7 antes de apuntarle a la fundamental y descender a la 3ra menor de Dm7 donde asciendo el arpegio 3-9.

**Ejemplo 9h:**

En el ejemplo 9h le apunto a la 3ra de A7 y uso la escala bebop para apuntarle a la 5ta de Dm7 antes de usar un patrón melódico común.

**Ejemplo 9i**

En este último ejemplo asciendo el arpegio A7 (estaba *pensando* en 3-b9, sin embargo, en realidad no llego a la b9).

En lugar de ello utilizo la nota bebop para acercarme a la fundamental de A7 cromáticamente desde abajo.

Puedo apuntarle a la b3 de Dm7 cromáticamente desde arriba usando la línea G-F#-F.

Como siempre, es aceptable que estas líneas contengan muchas notas de fuera de nuestra armonía predominante, con tal de que se coloquen en los pulsos débiles y se utilicen para empujar nuestras notas de arpegio hacia los pulsos fuertes.

# La escala eólica bebop

La escala eólica bebop se mencionó en el capítulo anterior y es muy útil cuando se trata de los solos sobre el acorde menor 7 tónico.

Recordemos que cuando formamos la menor ii V i, cambiamos el min/Maj7 armónicamente "correcto" por un acorde m7 *normal* (que no pertenece a la tonalidad madre armonizada original). Es lógico pensar que debido a que este acorde Dm7 no pertenece a la escala menor armónica tenemos que utilizar una escala diferente cuando tocamos un solo sobre el acorde tónico.

*Exención de responsabilidad: la escala menor armónica funciona muy bien sobre el Dm7 si evitas tocar la 7ma nota (C#) en un pulso fuerte.

Si deseas crear una escala armónica menor bebop, la fórmula es 1 2 b3 4 5 b6 (6) 7:

Explora la escala armónica menor bebop tú mismo, pero por ahora vamos a discutir la escala eólica bebop pues creo que es un sonido más accesible y adecuado para usar en este contexto.

Cuando "tomamos prestado" el acorde tónico Dm7 lo tomamos de la escala menor natural (eólica). Este es el sexto modo de la escala de F mayor y con frecuencia se conoce como la escala menor "relativa".

La fórmula para la escala eólica es 1 2 b3 4 5 b6 b7 y se puede tocar así en la guitarra:

**Ejemplo 10a:**

Si bien este es un sonido útil, y que probablemente ya conozcas, es más beneficioso para nosotros pasar de inmediato a aprender la escala eólica bebop por las razones mencionadas en el capítulo anterior.

La escala eólica bebop es una escala de ocho notas formada por la adición de una 7ma natural a la escala eólica. La fórmula es 1 2 b3 4 5 b6 b7 (7).

La escala eólica bebop en D se puede tocar de esta manera:

**Ejemplo 10b:**

D Aeolian Bebop

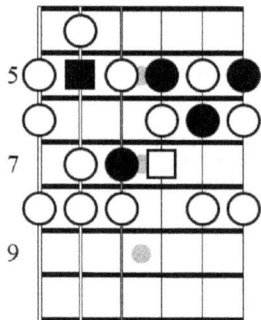

Como siempre, asciende y desciende esta escala a partir de la fundamental más baja (D), haciendo caso omiso de comenzar con todas las notas más bajas en esta posición de digitación. A medida que te acostumbres a esta forma puedes añadir ésas notas más bajas.

Cuando hayas memorizado la forma de escala, pasa un tiempo de práctica ascendiendo o descendiendo la escala desde cualquiera de las notas de arpegio de Dm7 (1 b3 5 o b7). Te gustará saber que dondequiera que inicies siempre mantendrás los tonos de arpegio en el pulso cuando tocas en corcheas.

Esta escala bebop funciona *exactamente* de la misma manera que la escala frigia dominante bebop que aprendiste anteriormente.

La escala de D eólica bebop no sólo es la escala "correcta" para tocar sobre el acorde tónico Dm7; hay otra razón por la que esta escala funciona tan bien. La nota que hemos añadido para formar esta escala bebop es el *7mo grado natural* de la escala, (C#). Esta nota es la misma que el *7mo grado natural* de la escala menor armónica que está contenida en el acorde V de la progresión. (C# es la 3ra de A7)

Compara los dos siguientes diagramas de escala:

D Harmonic Minor          D Aeolian Bebop

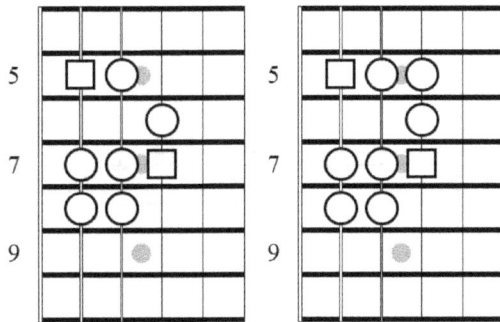

La escala de D eólica bebop puede ser vista como *exactamente* la misma escala que D menor armónica con la adición de una nota.

La nota adicional es la b7 de la escala, que encaja perfectamente con el acorde Dm7 que estamos tocando en la armonía (fórmula 1 b3 5 **b7**).

Al mismo tiempo, la 7ma natural (C#) ata la melodía con la escala madre "original" de la progresión de acordes ii V i menor; la armónica menor.

Usando la escala eólica bebop en el acorde Dm7 tónico estamos reconociendo que el acorde Dm7 ha sido alterado frente al acorde menor armónico Dmin/Maj7 original, y que también lleva la 7ma natural (C#) de la parte ii V de la progresión. Así se aprovecha lo mejor de cada aspecto.

## Uso de la escala eólica bebop

El enfoque para aplicar la escala eólica bebop melódicamente es el mismo que con la escala frigia dominante bebop en los acordes ii y V. Siempre que empecemos en un tono de acorde de Dm7 (1, b3, 5 o b7) podemos ascender o descender la escala en cualquier dirección y los tonos de acorde permanecerán en el pulso.

Aquí hay algunos ejemplos por separado:

**Ejemplo 10c:**

10c es una línea simple que asciende desde la fundamental hasta la 5ta.

**Ejemplo 10d:**

10d hace un uso completo de la escala bebop pasando de la fundamental a la b7 dos veces antes de continuar a la b3.

**Ejemplo 10e:**

10e muestra que puedes utilizar una nota de aproximación cromática, así como la escala bebop. En este caso utilicé la G# para abordar la 5ta de Dm7. Esta idea funciona bien pues la G# es la "nota bebop" en la escala de A frigia dominante bebop que puede que hayas estado usando en la parte Em7b5-A7 de la progresión de acordes.

**Ejemplo 10f:**

El ejemplo 10f combina algunos saltos melódicos con figuras de arpegio.

Es importante experimentar y explorar la escala D eólica bebop y generar tus propios licks favoritos. Las posibilidades son casi ilimitadas. Anota tus mejores ideas y úsalas como resoluciones de la progresión ii V i menor. Utiliza la pista de acompañamiento 9: un acorde Dm7 estático.

En los siguientes ejemplos utilizo principalmente la escala frigia dominante bebop en Em7b5 y A7, y cambio a la escala eólica bebop en Dm7.

También combino libremente arpegios y notas de aproximación cromáticas con escalas bebop, mientras que por lo general mantengo los tonos de arpegio fuertes en los pulsos fuertes del compás.

**Ejemplo 10g:**

Esta es una aplicación directa de ambas escalas bebop, pero ten en cuenta el uso de la escala de blues de D menor en el último compás.

**Ejemplo 10h:**

En el primer compás de Dm7 la línea melódica asciende por la escala eólica bebop. En el segundo compás hay una terminación de frase bebop común que deberías conocer.

## Ejemplo 10i

En el ejemplo 10i no le apunto al arpegio A7 en el primer compás. En lugar de eso le apunto al arpegio Em7b5 como aprendiste a hacerlo en los primeros capítulos. Observa cómo esto genera un efecto levemente diferente.

## Ejemplo 10j:

El ejemplo 10j comienza con un pulso no acentuado en el compás uno donde utilizo un patrón de nota de aproximación cromática común.

Cuando los cambios ii V i son *lentos* (un acorde por compás), tienes más tiempo para apuntarle a cada acorde individual, es decir, sacarle más provecho a Em7b5. Sin embargo, cuando los cambios de acordes son *rápidos*, (dos acordes por compás) a menudo vale la pena pensar en A frigia dominante bebop para Em7b5 y A7, y luego cambiar a D eólica bebop para el Dm7. Esto se muestra en **ejemplo 10k:**

# Voicings de acordes útiles para la progresión ii V i menor

Para tomar un descanso de toda la teoría melódica, veamos algunas formas útiles para tocar y ampliar sobre los acordes iim7b5-V7-im7 menores de la progresión.

Las primeras cosas a tener en cuenta son las tensiones "naturales" disponibles que podemos tocar en el acorde V7. Los músicos de jazz tienden a coincidir en que debido a que el V7 ya es el principal punto de tensión en la progresión de acordes, normalmente es aceptable añadir tensión adicional mediante extensiones y alteraciones cromáticas.

En el contexto de una progresión ii V i menor, la escala *madre* del acorde V7 es la escala frigia dominante (modo cinco de la armónica menor), como ya hemos visto.

La fórmula de la escala frigia dominante es:
1 b2 3 4 5 b6 b7.

Si eliminamos las notas de arpegio de la escala (nuestro acorde "7" básico, 1 3 5 b7) nos quedamos con los grados de la escala b2, 4, b6
1 b2 3 4 5 b6 b7

Cuando estas notas se añaden a los acordes o se tocan una octava más arriba se denominan b9, 11 y b13 y se les conoce como *extensiones* de acorde. Se pueden añadir a nuestras notas de A7 básicas para añadirle tensión al sonido del acorde.

A menudo debemos tener cuidado cuando añadimos estas extensiones a los voicings de acordes ya que pueden causar un choque indeseable con los tonos de acorde originales. Por ejemplo, la nota b6/b13 es la misma #5. *Es útil ver la b6/b13 como una #5 porque es inmediatamente evidente que la #5 chocará con la 5ta natural del acorde.*

Cuando añadimos una #5/b13 a un acorde de 7ma dominante, normalmente omitimos la 5ta natural para evitar el choque.

En el caso de A7, reemplazamos la 5ta natural, (E) por la #5/b13 (E#)

Esto se puede ver fácilmente en el **ejemplo 11a:**

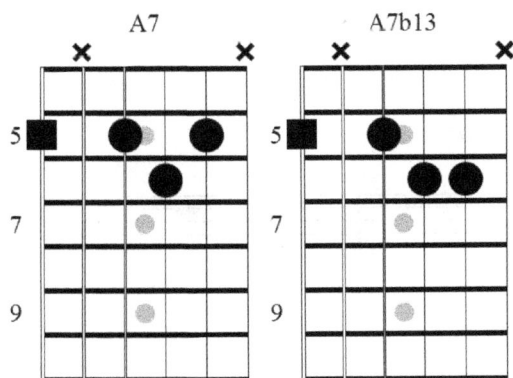

Este es un buen acorde para tocar en la progresión ii V i menor pues la nota #5/b13 se convierte en la b3 del acorde im7. En este caso la b13 de A7 es F, que se convierte en la b3 (F) de Dm7.

Inténtalo tú mismo en el **ejemplo 11b:**

El mismo tipo de lógica se aplica a la adición de la b9. La b9 chocará con la fundamental del acorde si se coloca junto a esta, por lo tanto, a menudo una fundamental en una octava alta se sustituye por la b9 dejando la nota de bajo inalterada.

**Ejemplo 11c:**

Frecuentemente es más fácil digitar el acorde A7b9 si tocas solamente las cuatro primeras cuerdas y le dejas la nota fundamental al bajista.

El **ejemplo 11d** muestra este enfoque en contexto:

También es posible combinar la b13 *y* la b9 como puedes ver en el **ejemplo 11e:**

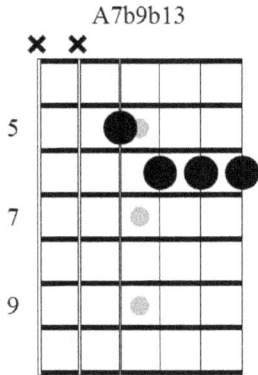

A7b9b13

Una vez más, la mayoría de los guitarristas no tocan la nota de bajo de este voicing de acorde.

El **ejemplo 11f** muestra este acorde en el contexto de la ii V i menor en D:

Al tocar la parte de guitarra rítmica en una ii V i menor, todos los voicings anteriores se pueden usar en lugar del acorde V.

# Voicings drop 2

Los voicings de acordes *drop 2* son una parte esencial del vocabulario de todos los guitarristas de jazz. Sin entrar demasiado en la teoría de cómo se crean, nos permiten tocar cualquier voicing de acorde usando sólo las cuatro cuerdas superiores de la guitarra y, al hacerlo, nos ayudan a no invadir el terreno de otros instrumentos armónicos como el piano o el órgano.

Son extremadamente útiles porque se prestan de forma natural para una buena continuidad armónica, mientras que nos dan voicings de acordes ligeros y sencillos.

Cualquier acorde de cuatro notas se puede tocar en cualquiera de las cuatro inversiones ascendiendo por el diapasón. Aquí hay cuatro formas útiles para tocar la secuencia de acordes de ii V i menor Em7b5-A7-Dm7.

**Ejemplo 11g:**

**Ejemplo 11h:**

**Ejemplo 11i:**

**Ejemplo 11j:**

Estos patrones de voicings de acordes deberían ser memorizados, ya que son comunes en el jazz. También te ayudan a "ver" cómo cambia cada nota individual entre los acordes. ¿Notaste que sólo dos notas cambian entre Em7b5 y A7?

Podemos añadir cualquiera de las tensiones discutidas previamente en este capítulo para el acorde V (A7); simplemente necesitamos saber qué notas ajustar en el voicing. Los siguientes cuatro compases en el ejemplo 11k muestran cómo podemos añadirle extensiones interesantes al acorde A7 simplemente mediante la alteración de notas específicas.

**Ejemplo 11k:**

Esto se puede hacer en todas las cuatro inversiones anteriores, así que dedica un tiempo a investigar cómo alterar el acorde A7 en cada posición. Para empezar, aquí están las mismas alteraciones en la siguiente inversión:

**Ejemplo 11l:**

Estos voicings de acordes se utilizan todo el tiempo y a menudo utilizamos más de un voicings de acorde en cada acorde. Hacer esto nos permite añadir líneas melódicas a los voicings de acordes durante acompañamientos improvisados, muy al estilo de intérpretes como Joe Pass.

# Tocar desde la mayor relativa

Los conceptos de este capítulo me los enseñó mi maestro actual Pete Sklaroff, quien es un maravilloso guitarrista de jazz, maestro y amigo. Cuando me mostró estas ideas le respondí con un montón de objeciones basándome en argumentos de las notas objetivo apropiadas y lo que yo creía saber acerca de la teoría musical ... hasta que me pidió que me relajara y simplemente tocara. El resultado fue un enfoque con un sonido realmente blues y "con estilo" para tocar los solos en la progresión ii V i menor.

Los conceptos teóricos de los siguientes párrafos son bastante complejos, así que una vez más la explicación fácil es *tocar una escala mixolidia bebop desde la b3 del acorde dominante.*

Nuestro acorde dominante en la ii V i es A7. Si construimos una escala mixolidia bebop desde la b3 generamos la escala C mixolidia bebop que se muestra en **ejemplo 12a:**

C Mixolydian Bebop

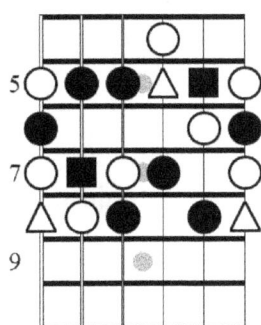

Puntos oscuros = arpegio Em7b5
Puntos triangulares = fundamental de C mixolidia bebop.

Trata de comenzar desde cualquier nota de arpegio de Em7b5, (no comiences en la b7, D, reemplázala con la nota C) y toca la escala C mixolidia bebop sobre los acordes Em7b5 *y* A7 antes de resolver en una idea de arpegio de Dm7. Escucharás un enfoque muy de blues y "con estilo" en los solos sobre estos cambios.

Vamos a echar un vistazo más profundo a la razón por la que este concepto funciona con algunos ejemplos tangibles.

---

# Mayores y menores relativas

La primera cosa importante para entender por qué la escala C mixolidia bebop funciona en este contexto es el concepto de *tonalidades mayores y menores relativas*. En la música siempre hay dos posibles centros tonales para cualquier armadura de clave; una tonalidad mayor y una *tonalidad menor relativa.*

Por ejemplo, si ves la armadura de clave de C mayor (no tiene sostenidos ni bemoles) al inicio de una pieza musical, sabes que la pieza estará ya sea en la tonalidad de C mayor *o* en A menor.

Si vieras la armadura de clave de G mayor, (con 1 sostenido) sabrías que la música está escrita ya sea en la tonalidad de G mayor o en E menor.

**La tonalidad menor relativa se construye siempre en el sexto grado de la escala mayor.**

En otras palabras, si cuentas seis notas hacia arriba desde la tonalidad mayor encontrarás la menor relativa. Por ejemplo:

en la tonalidad de C cuenta, C D E F G A = A menor
en la tonalidad de G cuenta, G A B C D E = E menor.

Otra forma de ver esto es que la tonalidad menor relativa siempre está tres semitonos por debajo de la fundamental de la tonalidad mayor.

A lo largo de este libro hemos estado trabajando en la tonalidad de D menor. *La mayor relativa de D menor es F mayor.*

Comprobación: desde la tonalidad de F mayor, cuenta seis notas hacia arriba: F G A Bb C D = D menor.

El vínculo musical entre las tonalidades mayores y menores relativas es *muy* fuerte. Si tocas rock o blues puede que sepas que las notas de E pentatónica menor y G pentatónica mayor son las mismas. Esto es porque G y E son mayores y menores relativas.

## Sinónimos de 3-9

El siguiente aspecto a considerar es cuáles notas tocamos cuando usamos los arpegios 3-9 extendidos que exploramos en el capítulo 6.

Cuando construimos un arpegio extendido 3-9 a partir del acorde D menor en la ii V i menor, tocamos la b3ra, 5ta, b7ma y 9na. Estas son las notas F A C y E. Estas notas forman un *acorde F mayor 7ma.*

Cuando construimos un arpegio extendido 3-9 a partir del acorde Em7b5 en la ii V i menor, tocamos la b3ra, b5ta, b7ma y b9na. Estas son las notas G Bb D y F. Estas notas forman un *acorde G menor 7ma.*

Esto se puede ver más claramente en el siguiente diagrama:

**DMIN7 3-9 ARPEGGIO = FMAJ7 CHORD.**

**EM7b5 3-9 ARPEGGIO = GMIN7 CHORD.**

DM7    F    A    C    E    EM7b5    G    Bb    D    F

Por último, cuando tocamos el arpegio extendido 3-9 a partir del acorde A7 (V) tocamos las notas C# E G y Bb.

Estas notas forman un acorde C7b9 *sin fundamental*.

**A7 3-b9 ARPEGGIO = C7b9.**

A7    C#    E    G    Bb    C7b9

Los acordes/arpegios que hemos creado usando extendidos son los siguientes:

Em7b5 = Gm7
A7 = C7b9
Dm7 = Fmaj7

**Los acordes creados mediante el uso de arpegios extendidos en una progresión ii V i menor forman una ii V I mayor en la tonalidad mayor relativa de F.**

Esto se muestra en **ejemplo 12b:**

Escucha y toca el ejemplo 12b. ¿Puedes oír la fuerza del vínculo entre estos dos sonidos?

La tercera pieza del rompecabezas aparece cuando te das cuenta de que los acordes A7b9 y C7b9 contienen *exactamente las mismas notas cuando omites las fundamentales*. (Al igual que hicimos cuando formamos arpegios extendidos).

A7b9 sin la fundamental = C# E G Bb
C7b9 sin la fundamental = E G Bb C#

Puede que ya sepas que se trata de una "sustitución disminuida", lo que nos lleva a la interesante teoría de *escala simétrica*; pero como ya estamos profundizando bastante ¡dejaré eso para otro libro!
Ahora podemos ver no sólo que las ii V I mayores y menores tienen una conexión armónica fuerte; los acordes dominantes (V) de ambas progresiones comparten *exactamente* las mismas tensiones.

Si volvemos a ver todo desde la perspectiva de la ii V i menor por un momento, recordarás que a menudo tratamos al acorde ii (Em7b5) como una versión suspendida del acorde V (A7b9). En términos simplistas, esto significa que podemos *ignorar* el acorde iim7b5 si queremos, especialmente en tempos "bebop" más altos.

**Resumen:**

Todos los puntos anteriores juntos significan que una manera realmente efectiva para tocar un solo sobre los dos primeros acordes de una progresión i V ii menor es imaginar que estamos tocando el acorde dominante de la ii V I mayor relativa. En este caso, estamos pensando en C7.

Como regla general: en una ii V i menor, toca una escala mixolidia bebop una 3ra menor por encima del acorde dominante.

# La escala mixolidia bebop

El acorde C7 se deriva de la armonía de la escala mayor (es el acorde V de F mayor), por lo que la escala "correcta" para usar es C mixolidia ya que es el quinto modo de F mayor. Su construcción es 1 2 3 4 5 6 b7 y para formar una escala bebop añadimos la 7ma natural, resultando la fórmula 1 2 3 4 5 6 b7 7

**Ejemplo 12a** de nuevo para referencia:

C Mixolydian Bebop

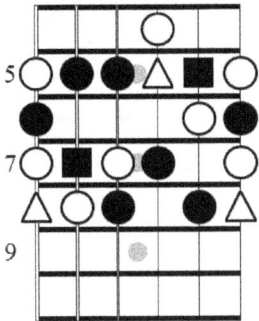

Para ayudar a vincular la escala C mixolidia bebop al sonido Em7b5 – A7b9 de la progresión ii V i menor, **siempre comienza tu línea melódica en una nota de arpegio de Em7b5 pero reemplaza la b7 (D) por la fundamental de la escala bebop (C).**

Estas notas son los puntos oscuros en el diagrama del diapasón anterior.

Dedica un tiempo a aprender la escala C mixolidia bebop sobre dos octavas como se muestra en **ejemplo 12c**:

C MIXOLYDIAN BEBOP SCALE 2 OCTAVES

## Uso de la escala mixolidia bebop en cambios lentos

La regla de oro es comenzar tu línea melódica desde una nota de arpegio de Em7b5 excepto en la b7 (D). Reemplázala por la fundamental de la escala bebop (C). Por ahora, vamos a resolver todas nuestras líneas en una nota del arpegio Dm7. A menudo vamos a añadir notas de aproximación cromáticas para resolver fluidamente.

**Ejemplo 12d:**

Esta línea desciende la escala C mixolidia bebop desde la b5 del arpegio Em7b5 y le apunta a la #9 (C) del acorde A7. Le apuntamos a la 5ta de Dm7 con una nota de paso cromática desde abajo.

**Ejemplo 12e:**

Esta línea asciende desde la fundamental de Em7b5 y una vez más le apunta a la #9 (C) de A7.

## Ejemplo 12f:

Descendiendo desde la fundamental de la escala bebop (C), esta idea melódica le apunta a la b7 del acorde A7 con una nota de aproximación cromática desde abajo.

## Ejemplo 12g:

Esta línea secuencial desciende la escala bebop desde la fundamental y le apunta a la fundamental de Dm7 con un fragmento de la escala D eólica bebop. En el compás tres hay una idea basada en la escala D menor pentatónica.

**Ejemplo 12h:**

El ejemplo 12h usa un patrón ascendente a lo largo de la escala C mixolidia bebop.

**Ejemplo 12i:**

El último ejemplo utiliza el arpegio Em7b5 y la escala C mixolidia bebop para apuntar a b9 en el arpegio 3-b9 de A7.

# Uso de la escala mixolidia bebop en cambios rápidos

La escala C mixolidia bebop funciona muy bien sobre las ii V i menores "rápidas" y de dos pulsos. Aprende los siguientes ejemplos.

**Ejemplo 12j:**

**Ejemplo 12k:**

**Ejemplo 12l:**

**Ejemplo 12m:**

Tocar la escala mixolidia bebop en la b3 del acorde de 7ma dominante es una de mis formas favoritas de abordar los solos en una ii V i menor.

# La escala alterada

La escala alterada o "Modo súper locrio" es el 7mo modo de la menor melódica y es extremadamente útil para añadir tensión al acorde dominante (V) en cualquier progresión ii V i.

Funciona muy bien porque contiene todas las notas importantes de un arpegio de 7ma dominante (1, 3 y b7), además de *todas* las posibles alteraciones al acorde: b9, #9, b5 y #5.

Esto no es inmediatamente evidente al examinar la fórmula de escala, así que vamos a echar un vistazo rápido a la teoría.

La escala alterada en la tonalidad de A (nuestro acorde dominante) es la siguiente:

En el diagrama de la izquierda, la escala alterada está escrita de acuerdo con su fórmula de escala tradicional:
1 b2 b3 b4 b5 b6 b7.

En el diagrama de la derecha reescribí la escala utilizando *enarmónicos* de algunas de las notas.
Mira la b4 en el diagrama de la izquierda (Db). Db es la misma nota que C#, y C# es la *3ra mayor* de A7.

Si reescribo la b3 (C) en el diagrama de la izquierda como una B# resulta un grado #2, y reescribiendo la b6 (F) como #5 (E#) la fórmula de escala se convierte en:
1 b2 #2 3 b5 #5 b7.

Recuerda que cuando las notas b2 y #2 se añade como extensiones de un arpegio se denominan b9 y #9 por lo que para fines de tocar solos, nuestra escala se convierte en:

1 b9 #9 3 b5 #5 b7

Esta escala se puede ver ahora como una que contiene las notas 1, 3 y b7 del arpegio de 7ma dominante (la 5ta no es importante), además de todas las posibles alteraciones al acorde dominante; b9, #9, b5 y #5.

La escala alterada tiene un carácter oscuro y disonante que puede ser muy musical si se enfoca correctamente. También tiene un poco de "inestabilidad" inherente debido a la falta de una 5ta natural.

Cuando se maneja con cuidado la escala alterada es una opción muy adecuada para los solos durante una ii V i menor debido a que su nota b6 se convierte en la b3 del acorde tónico menor como vimos en el capítulo de los voicings de acordes.

En nuestra ii V i menor en D, la b6 de A7 es la nota F y la b3 de Dm7 también cs F.

Al igual que con las otras elecciones de escalas dominantes hasta el momento, la escala alterada funciona bien tanto sobre el acorde iim7b5 como el V7, aunque funciona "mejor" sobre los cambios rápidos. Sobre los cambios lentos hay algunas buenas opciones de escala para usar sobre el acorde ii tales como la escala locria bebop y la escala locria natural 9. Ambas serán discutidas en capítulos posteriores.

Por ahora nos centraremos en el aprendizaje de las resoluciones de la escala A alterada en el arpegio Dm7. Para empezar, aprende la escala A alterada en dos octavas como se muestra en el **ejemplo 13a:**

Como lo hicimos antes, cuando estábamos aprendiendo a tocar los cambios de acordes, vamos a empezar centrándonos en áreas muy pequeñas del diapasón, tratando de encontrar el mayor número de puntos de resolución entre A alterada y D menor 7. Inicialmente, sólo tocaremos notas en el grupo de las 2 cuerdas superiores, usando cuatro notas de la escala alterada y resolviendo en cualquier tono de arpegio de Dm7.

**Ejemplos 13b - 13e:**

Ahora aprende los puntos resolución sobre la segunda y la tercera cuerda. Algunas ideas se muestran en los **ejemplos 13f -13i:**

Repite este proceso en todos los demás grupos de 2 cuerdas.

Inicialmente, haz estos ejercicios libremente sin metrónomo ni pista de acompañamiento, pero cuando te sientas seguro con muchas de las resoluciones trata de trabajar en estas ideas con la pista de acompañamiento A7b9b13-Dm7 (pista de acompañamiento 7). Esto puede parecer algo que va a tomar tiempo, pero el arte de utilizar la escala alterada es resolver de forma limpia.

La siguiente etapa es explorar algunas líneas de corcheas sobre la progresión ii V i menor "rápida". Una vez más vamos a ignorar el acorde Em7b5 por ahora, tratándolo como un acorde A7b9sus4. A pesar de que la escala alterada contiene la nota Eb (que sería de esperar que choque con la E natural en el Em7b5), esta funciona como una tensión aceptable (b5) cuando se ve en términos del acorde A7.

Prueba los siguientes **ejemplos 13j-13m:**

## La escala alterada en cambios rápidos

La escala alterada es muy eficaz en los cambios "rápidos" de la ii V i menor, especialmente en tempos altos donde las disonancias momentáneas sobre el acorde iim7b5 no son tan pronunciadas.

La escala alterada también funciona sobre cambios lentos, sobre todo en los tempos altos como se verá en los siguientes ejemplos.

Yo creo, sin embargo, que en tempos más lentos es un enfoque mucho más eficaz articular la iim7b5 independientemente con arpegios y escalas relacionadas, y sólo usar la escala alterada en el V7.

Por ahora, estudia las siguientes ideas que utilizan la escala alterada sobre cambios lentos de la ii V i menor tanto en el acorde iim7b5 como en el V.

Observa que trato de apuntarle a los tonos de acorde que pueda desde Em7b5 y trato a la #5 (E#) y la b9 (Bb) como tonos de arpegio en el acorde A7b9b13. Esto se debe a que son extensiones naturales y a menudo se tocan en las partes de la armonía omitiendo la fundamental (A) y las 5tas naturales (E).

# La escala alterada en cambios lentos

**Ejemplo 13p:**

**Ejemplo 13q:**

**Ejemplo 13r:**

**Ejemplo 13s:**

Una vez más, estas son sólo algunas ideas para ayudarte a empezar. El beneficio real para tu interpretación viene cuando exploras la escala por ti mismo, escribes tus propias líneas y tocas junto con las pistas de acompañamiento. Si algunas de las notas suenan un poco incómodas al principio, no te preocupes; esto es parte del desarrollo del oído musical. En caso de duda, intenta tocar tus líneas a un tempo más alto y si todavía no te gusta, toca otra cosa.

Descubrirás que la mayoría de las notas que te parecen disonantes se producen cuando la escala A alterada se toca sobre el acorde Em7b5 sobre cambios lentos en tempos lentos.

## Uso del arpegio Min/Maj7 en la b9

Uno de los beneficios reales de usar la escala alterada es que puedes construir una tríada o arpegio desde *cualquier* nota de la escala alterada y va a sonar muy bien. Esto es cierto para *todos* los modos de la escala menor melódica y nos da una gran libertad cuando queremos utilizar arpegios en nuestra interpretación. Lamentablemente, no tengo espacio aquí para abordar este tema a profundidad; sin embargo, quiero compartir mi sustitución de arpegio favorita contigo.

En una ii V i menor, mi arpegio favorito para usar sobre el acorde V es un min/Maj7 en la b9.

Si estamos tocando sobre un acorde A7 (alterado), este sería el arpegio de Bb min/Maj7.

Las notas en Bb min/Maj7 son Bb, Db/C#, F y A

Cuando se tocan estos intervalos sobre un acorde A7 nos dan los intervalos b9, 3, b13, y 1. Tocar este arpegio resalta las notas de tensión en el frecuentemente usado acorde A7b9b13. El arpegio se muestra en el **ejemplo 13t:**

**A7(b13 b9)** Bb MIN/MAJ7 ARPEGGIO · **A7(b13 b9)**

Normalmente cuando utilizo este arpegio en esta posición termino evitando las dos notas más bajas en la guitarra ya que son un poco engorrosas para tocar a pesar de que suenan muy bien. Aquí hay algunas ideas que utilizan el arpegio Bb min/Maj en el acorde A7b9b13.

**Ejemplo 13u:**

**Em7(b5)** · **A7(b13 b9)** · **Dm7**

E LOCRIAN BEBOP SCALE · Bb MIN/MAJ7 ARPEGGIO · D AEOLIAN BEBOP SCALE

**Ejemplo 13v:**

**Em7(b5)** · **A7(b13 b9)** · **Dm7**

**Ejemplo 13w:**

En los ejemplos anteriores le apunté a las notas de arpegio de Em7b5 en el compás uno con la escala locria bebop (más sobre esto en el siguiente capítulo), luego usé el arpegio Bb min/Maj7 sobre el acorde A7 (alterado) para llegar a tocar los tonos de acorde 1, b9, 3 y #5. Siempre resuelvo el acorde A7 en una nota del arpegio Dm7.

Como siempre, crea y escribe tus propias líneas y luego aumenta la velocidad con las pistas de acompañamiento proporcionadas.

Las pistas de acompañamiento 8, 9, y 10 son progresiones de ii V i menor en cambios lentos en D con un acorde A7b9b13 como el acorde de dominante.

# El modo locrio en iim7b5

Cuando tenemos más tiempo para tocar el solo en cada acorde, por ejemplo durante cambios lentos (un compás por acorde), puede ser deseable (¡y más fácil!) tocar más articuladamente sobre el acorde Em7b5.

Podemos utilizar la técnica de "arpegio y nota de aproximación" como ya se ha discutido, o podemos utilizar una escala apropiada. Hay dos opciones de escala principales que podemos utilizar en el acorde Em7b5, y la primera que vamos a ver es el modo locrio.

El locrio es el séptimo modo de la escala mayor y probablemente ya sepas que cuando se armoniza el 7mo grado de la escala mayor forma un acorde m7b5. Dado que el modo locrio está construido un acorde m7b5 es perfecto para usarse en los solos sobre el iim7b5.

La fórmula para el modo locrio es **1 b2 b3 4 b5 b6 b7**

A pesar de que vamos a aprender el modo E locrio en torno a un acorde Em7b5, es muy útil saber que contiene *exactamente* las mismas notas que D eólica, que es la escala que estamos utilizando actualmente para resolver todas nuestras ideas melódicas.

El **ejemplo 14a** te muestra el modo E locrio.

Para formar la más útil escala locria bebop añadimos una 7ma natural (D#) entre la b7 (D) y la fundamental (E).

Mientras que las notas de la escala E locria de siete notas son las mismas que las del modo D eólico, la nota bebop es diferente por lo que es necesario aprender un patrón de escala ligeramente diferente.

El **ejemplo 14b** muestra la escala locria bebop.

E Locrian Bebop

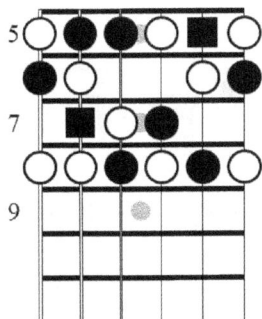

Em7(b5)

E LOCRIAN BEBOP SCALE

1  b2  b3  4  b5  b6  b7  ♮7

Una vez más, al igual que con cualquier escala bebop, si inicias en un tono de arpegio (que se muestra con puntos oscuros) y tocas en forma de escala siempre llegarás a tocar un tono de arpegio en el pulso. De ahora en adelante en este capítulo vamos a trabajar con la escala locria bebop.

Recuerda que contiene las mismas notas que D eólica, pero la "nota bebop" ha cambiado.

Vamos a empezar por aprender algunas líneas de la escala E locria bebop que se resuelven en tonos de arpegio del acorde A7b9. Te estoy dando líneas de un compás completo aquí pero, como siempre, lo mejor es dividir tu guitarra en grupos de dos cuerdas y explorar los cambios en áreas pequeñas.

**Ejemplos 14c-14d:**

El ejemplo 14c comienza en la fundamental de E locria bebop y le apunta a la b9 del acorde A7.

El ejemplo 14d desciende la escala E locria bebop desde b3 y desciende la A frigia dominante bebop.

**Ejemplos 14e-14f:**

El ejemplo 14e le apunta a la b7 de A7 antes de combinar un arpegio extendido 3-b9 con un arpegio Bb min/Maj.

El ejemplo 14f desciende desde la b5 del acorde Em7b5 y desciende la escala frigia dominante bebop desde la 3ra de A7.

# Secuencias melódicas usando tres escalas diferentes

Ahora podemos utilizar diferentes escalas de ocho notas en cada acorde, una idea que podemos examinar es seguir una *secuencia melódica* a través de toda la progresión. Este es un enfoque muy fuerte para tocar los solos en los cambios si se usa con moderación.

Estudia las ideas de los siguientes ejemplos para encontrar las secuencias melódicas. Todos los ejemplos utilizan la escala frigia dominante bebop, pero siéntete libre de experimentar con cualquier opción de escala dominante en el acorde V.

**Ejemplo 14g:**

El ejemplo anterior gira en torno a un patrón de escala bebop descendente/ascendente, que le apunta al tono de arpegio más cercano en cada cambio.

**Ejemplo 14h:**

En el ejemplo 14h asciendo cinco notas de arpegio antes de descender la escala apropiada.

**Ejemplo 14i:**

Este ejemplo desciende cinco notas de la escala antes de ascender el arpegio y coloca un tono de escala en la última nota del compás, apuntándole a un tono de acorde en el siguiente.

**Ejemplo 14j:**

Los dos primeros pulsos en cada compás del ejemplo 14j utilizan un patrón de nota de aproximación de arpegio/escala hacia el pulso tres antes de descender una figura de escala/arpegio.

Los patrones como estos son divertidos de escribir y tocar. Ofrecen posibilidades prácticamente ilimitadas y se han escrito libros enteros sobre su formación. Son un recurso melódico extremadamente fuerte y articulado.

# El modo locrio natural 9

El modo locrio natural 9 (o locrio natural 2) es el *sexto* modo de la escala menor melódica.
Por desgracia, no tengo espacio en este libro para hablar mucho de la teoría de la escala menor melódica; sin embargo, de la misma manera que el *séptimo* acorde de la escala mayor se armoniza para formar un acorde m7b5 de 4 notas, lo mismo puede decirse del acorde *seis* de la escala menor melódica.

Continuando el trabajo con el acorde *Em7b5*, tenemos que encontrar cuál escala menor melódica tiene la nota "E" como su sexto grado.

La escala de G menor melódica tiene la nota E como su sexto grado como se puede ver en el siguiente diagrama:

(Técnicamente esta armadura clave es incorrecta pero hace que la escala sea mucho más fácil de leer.)

Si reorganizamos esta escala para hacer que la nota "E" sea la fundamental, hemos creado el modo E locrio natural 9:

Las notas de arpegio E, G, Bb y D están entre paréntesis. Como puedes ver, el acorde formado a partir de la fundamental de la escala es un Em7b5. También deberías notar que todas las notas de la escala, a excepción de la 2da natural (o 9na, F#) son las mismas que en el modo E locrio que exploramos en el capítulo anterior.

Es la 9na natural (F#) en el locrio natural 9, a diferencia de la b9 (F) en el locrio, la que hace una gran diferencia en el sonido y la sensación de la escala.

El modo locrio natural 9 se puede tocar de la siguiente manera en la guitarra:

**Ejemplo 15a:**

E Locrian Nat 9

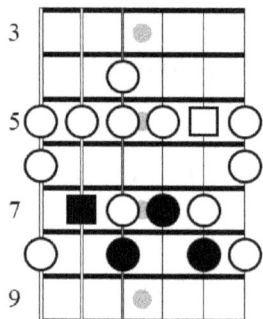

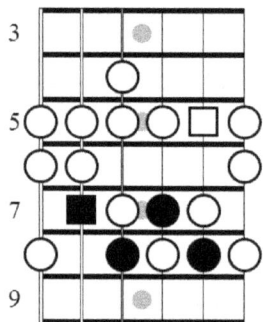

Aprende esta escala desde la fundamental, E, mientras visualizas el acorde Em7b5 que ya conoces.

Como se trata de una escala de siete notas, es extremadamente útil añadir una octava nota "bebop". Una vez más, esta nota se encuentra entre la b7 y la fundamental. La escala locria natural 9 bebop es un sonido de gran utilidad en el jazz.

**Ejemplo 15b:**

E Locrian Nat 9

E LOCRIAN NATURAL 9 BEBOP SCALE

1    2    b3   4    b5   b6   b7   ♮7    1

En el diagrama de diapasón, la escala locria natural 9 se muestra basada en las notas de un arpegio Em7b5.

Una vez que hayas aprendido esta escala, toca líneas ascendentes y descendentes a partir de cualquier nota del arpegio Em7b5 para ayudarte a interiorizar el hecho de que tocar la escala en corcheas desde un tono de arpegio siempre te va a llevar a caer en un tono de arpegio en un pulso fuerte.

Haz esto sobre un acorde Em7b5 estático (pista de acompañamiento 8) para que tus oídos se acostumbren a la nota natural 9. Posiblemente quieras tratar este ejercicio no sólo como el simple aprendizaje de una nueva escala; podías verlo como tocar una escala E locria "normal" con el 2do grado elevado cada vez. Algunos ejemplos se dan a continuación.

**Ejemplos 15c-15d:**

**Ejemplos 15e-15f:**

Si la escala locria natural 9 es un sonido nuevo para ti, toma un tiempo aquí para escribir y tocar tus propias líneas originales. Asegúrate de apuntarle a los tonos de acorde en los pulsos y deja que los otros tonos de escala caigan sobre los pulsos inacentuados.

Cuando utilizo la escala locria natural 9 en el acorde ii, mi preferencia natural parece dirigirse hacia la escala alterada en el acorde V. Prueba diferentes opciones y mira cuál es tu favorita. Aquí hay algunas líneas de ii V i menor que utilizan la locria natural 9 y luego se desplazan a diferentes escalas diferentes en el acorde V.

## Ejemplo 15g:

**Em7(b5)**      **A7(b13 b9)**      **Dm7**

E LOCRIAN NATURAL 9 BEBOP      A ALTERED SCALE

El ejemplo 15g desciende la escala locria natural 9 bebop y le apunta a la 3ra mayor del acorde A7 antes de subir por el arpegio Bb min / Maj7 y descender por la escala alterada hasta la b3 del acorde Dm7.

## Ejemplo 15h:

**Em7(b5)**      **A7(b13 b9)**      **Dm7**

E LOCRIAN NATURAL 9 BEBOP      A PHRYGIAN DOMINANT BEBOP      D AEOLIAN BEBOP

C.A.N.

En el ejemplo 15h, utilizo una nota de paso cromática (bebop) para apuntarle a la fundamental del acorde A7. Luego, desciendo la escala frigia dominante bebop para caer en la 5ta de D menor.

## Ejemplo 15i:

**Em7(b5)**      **A7(b13 b9)**      **Dm7**

E LOCRIAN NATURAL 9 BEBOP      A ALTERED SCALE      C.A.N.      D AEOLIAN BEBOP

De nuevo comenzando con la escala locria natural 9 bebop, utilizo conscientemente la misma forma melódica a través de los acordes Em7b5 y A7. Resuelvo la línea en la b7 de la escala D eólica bebop.

**Ejemplo 15j:**

El ejemplo 15j es una línea escrita en la octava más baja con una gran cantidad de cromatismo creado al vincular entre sí las escalas bebop. Aquí le apunto a la b7 de la escala frigia dominante bebop en el acorde V.

# La escala menor melódica

Hasta ahora, sólo hemos visto el uso de una escala en el acorde tónico; la escala eólica. Otra opción que se utiliza comúnmente es la escala menor melódica. Como ya hemos visto el uso de los modos de la escala menor melódica en los acordes ii y V, ahora es adecuado estudiar la escala menor melódica en el acorde i.

Mientras que la menor melódica como punto de resolución para la ii V i menor puede ser un "gusto adquirido", la comprensión de su teoría y su aplicación nos permiten acceder a uno de los recursos melódicos más útiles y más fuertes que los músicos utilizan en una ii V i menor.

La escala menor melódica contiene los intervalos
1 2 b3 4 5 6 7

En la tonalidad de D menor, esto nos da las notas que aparecen en **ejemplo 16a:**

Inmediatamente verás dos grandes diferencias entre la escala menor melódica y el modo eólico que hemos estado utilizando hasta ahora. La escala menor melódica *no* contiene una b7 y *sí* contiene una 6ta natural.

Pensando de nuevo en la formación de la progresión ii V i menor, la escala madre original fue la escala menor armónica que contiene un 7mo grado natural, por lo que nuestros oídos aceptarán la nota si la usamos en un pulso inacentuado.

La 6ta natural (B) resulta un poco más disonante a nuestros oídos si tenemos en cuenta que hasta ahora hemos estado usando la nota Bb tanto en el acorde ii como en el V. Sin embargo, cuando he formulado este tipo de preguntas, la respuesta siempre ha sido la misma: "Sólo tienes que comprometerte con la idea. Si la tocas fuerte y con buen tiempo tu fraseo hará que funcione".

Este es un buen consejo en todos los ámbitos de la vida, pero sobre todo en la música. Comprométete con lo que estás haciendo y toca con confianza.

Una de las cosas que realmente pueden ayudar a soportar la 6ta natural en la menor melódica es añadir una nota b6 bebop. Hacer esto, en efecto, nos hace tratar a la 6ta natural como un tono de acorde colocándola en un pulso fuerte. También empuja la 7ma natural hacia el pulso inacentuado, lo cual ayuda a combatir el choque entre la b7 del acorde Dm7 y la 7ma natural de la escala.

De esta manera estamos poniendo bastante atención en la 6ta natural, pero puede funcionar muy bien. Estudia y aprende la escala D menor melódica bebop. Las notas que se tocan en los pulsos (1, b3, 5 y 6) están resaltadas.

**Ejemplo 16b:**

D MELODIC MINOR BEBOP SCALE

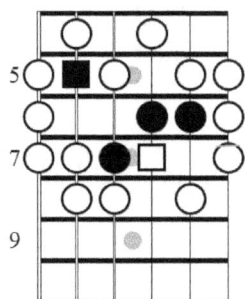

Aprende esta escala a fondo y tócala sobre un acorde Dm7 estático (pista de acompañamiento 9). La digitación es un poco incómoda así que ve despacio y hazla bien antes de pasar a aprender la escala en dos octavas como se muestra en el **ejemplo 16c:**

D Melodic Minor
Bebop

**Dm7**
D Melodic Minor Bebop Scale 2 octaves

Para empezar, vamos a estudiar algunas ideas melódicas fuertes extraídas principalmente de la escala menor melódica bebop. Todas estas ideas se pueden tocar en el acorde tónico de cualquier lick de ii V i menor que sepas.

Prueba los siguientes ejemplos sobre la pista de acompañamiento 9 - un acorde Dm7 estático.

## Ejemplos 16d-16i

El ejemplo 16d es una idea simple que desciende desde la 5ta.
El ejemplo 16e desciende y después asciende desde la fundamental de Dm7.

**Dm7** 16D          **Dm7** 16E

El ejemplo 16f es una línea semi-secuencial descendente desde la 6ta.
El ejemplo 16g es una línea más larga que asciende desde la fundamental hasta la 6ta con un final bebop clásico.

En el ejemplo 16h ascendemos desde la b3 de Dm7 y, finalmente, en el ejemplo 16i tomamos una idea de escala semi-secuencial desde la 5ta hasta la b3.

Como siempre, cuanto más tiempo dediques a estudiar esta escala, escribir líneas e improvisar con pistas de acompañamiento de diferentes velocidades, tendrás una mayor percepción de su sonido y sensación. Esta forma de escala puede ser algo incómoda, así que trata la tablatura sólo como una digitación sugerida. Si encuentras tu propia manera de tocar estas líneas tu fraseo va a cambiar y vas a desarrollar tu propia identidad musical.

Las siguientes líneas están llenas de frases ii V i menores que utilizan diferentes enfoques en los dos primeros acordes, pero todas se resuelven en la escala D menor melódica bebop.

**Ejemplo 16j:**

**Ejemplo 16k:**

E LOCRIAN NATURAL 9 BEBOP

A ALTERED SCALE

D MELODIC MINOR BEBOP

**Ejemplo 16l:**

E LOCRIAN BEBOP

Bb MIN/MAJ7

D MELODIC MINOR BEBOP

**Ejemplo 16m:**

E LOCRIAN BEBOP

A PHRYGIAN DOMINANT

D MELODIC MINOR BEBOP

Aquí hay un par de líneas para " ii V i's cortos" utilizando el mismo enfoque.

**Ejemplo 16n:**

**Ejemplo 16o:**

La escala menor melódica sin duda puede ser un gusto adquirido al principio, pero cíñete a ella y pronto esa 6ta natural le resultará cómoda a tus oídos. Ser capaz de utilizar la menor melódica de esta manera le abre la puerta a algunos enfoques muy interesantes o "trucos" que puedes utilizar para formar fuertes movimientos secuenciales por todo el diapasón.

Todo se aclarará en el siguiente capítulo.

# El mejor truco del libro: mover líneas en 3ras

Si vuelves atrás y revisas el capítulo sobre el modo locrio natural 9, verás que la escala *madre* de E locria natural 9 es **G menor melódica**. (*E locria natural 9 es el modo seis de G menor melódica*).

También recordarás que la escala A alterada es el 7mo modo de **Bb menor melódica**.

Un enfoque melódico muy fuerte para los solos sobre Em7b5 – A7 es *pensar* en G menor melódica pasando a Bb menor melódica.

Deberías recordar que el arpegio extendido 3-9 para Em7b5 formó un acorde **Gm7**, y que podemos utilizar un arpegio **Bb min/Maj7** para esbozar algunas ricas notas de la escala A alterada.

Escucha el **ejemplo 17a:**

A pesar de que simplemente estoy tocando a través de las dos escalas menores melódicas, puedes oír las mismas tensiones que has estado tocando cuando usaste la E locria natural 9 y la escala A alterada.
Para reiterar: G menor melódica contiene todas las notas de E locria natural 9 y Bb menor melódica contiene todas las notas de la escala A alterada.

La *distancia* entre las notas G y Bb es una *3ra menor*.

Esto significa que podemos tocar cualquier línea fuerte de G menor melódica sobre Eb7m5 y simplemente desplazarla hacia arriba por una b3ra (3 trastes) para tocar una línea de Bb menor melódico. Este es un enfoque *muy* común para tocar sobre una ii V menor. Para simplificar las cosas, vamos a utilizar la digitación baja de G menor melódica que se muestra en el **ejemplo 17b:**

G Melodic Minor

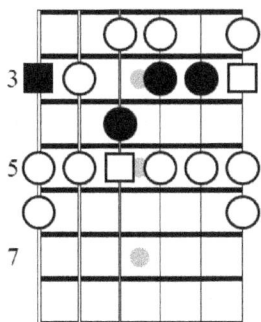

**Em7(b5)**

G MELODIC MINOR

Vamos a empezar por trabajar con una ii V i menor "lenta" para ayudar a ilustrar este concepto. En primer lugar voy a formar una línea de G menor melódico:

**Ejemplo 17c:**

**Em7(b5)**

G MELODIC MINOR /
E LOCRIAN NATURAL 9

Ahora simplemente voy a mover esta idea tres trastes hacia arriba por lo que se convierte en una línea de Bb menor melódica / A alterada:

**Ejemplo 17d:**

Para resolver la línea, simplemente puedo apuntarle a la nota más cercana de un arpegio Dm7. Sin embargo, como veremos en breve, podemos cambiar este patrón de nuevo para tocar una escala D menor melódica.

Aquí hay algunos ejemplos del enfoque de traslado de b3 para los solos en Em7b5 a A7 (alterada).

**Ejemplos 17e-17h:**

En los cuatro ejemplos anteriores, tomo una secuencia de la escala G menor melódica (E locria natural 9) y simplemente la desplazo tres trastes hacia arriba hacia una línea de Bb menor melódica (A alterada). Como puedes ver, la primera nota en el compás de A7 siempre está tres trastes por encima de la primera nota del compás de Em7b5.

**Nuestra regla es la siguiente:**

*Toca una línea menor melódica desde la b3 del acorde ii. Mueve tu línea tres trastes hacia arriba para el acorde V.*

O simplemente podrías tocar la locria natural 9 en el acorde ii y luego moverte hacia arriba tres trastes en el acorde V.

Me gusta hacer los deslizamientos hacia arriba en el diapasón de esta manera. Para mí, la orientación general de los acordes ii V i siempre parece estar descendiendo.

Utilizando los métodos descritos en este capítulo somos capaces de crear fácilmente un movimiento *contrario* ascendente en nuestros solos.

## Resolver en la escala menor melódica

Hasta ahora has resuelto estas líneas menores melódicas trasladadas como mejor te ha parecido. Sin embargo, ahora vamos a resolver las líneas en D menor melódica utilizando un concepto similar de gran alcance.

Estamos tocando actualmente la escala Bb menor melódica sobre el acorde A7. ***La escala de D menor melódica está una 3ra mayor por encima de la escala de Bb menor melódica.***

Cualquier línea de Bb menor melódica se puede desplazar por una **3ra mayor** (4 trastes) para convertirse en una línea de D menor melódica.
Podemos ver esto en acción en el **ejemplo 17i:**

Escucha y toca el ejemplo anterior con una pista de acompañamiento para tener una idea de este concepto.

Prueba la siguiente línea de ii V i menor usando el concepto de las "3ras" en el **ejemplo 17j:**

Esta línea comienza de la misma manera que el ejemplo 17d; sin embargo, en el acorde Dm7 desplazo hacia arriba la línea A7 por una 3ra mayor. (En otras palabras, la primera nota de Dm7 está cuatro trastes por encima de la primera nota de A7).

Este desplazamiento hacia arriba de una 3ra mayor siempre resolverá tus líneas de ii V i menor cuando utilizas la escala alterada en el acorde V, y es mucho más fuerte si es precedida por el movimiento de 3ra menor de Em7b5 a A7.

La regla que creamos se convierte en:

Toca una línea menor melódica desde la b3 del acorde iim7b5. Desplaza esa línea hacia arriba por una b3ra para el acorde V7. Para resolver la frase, desplaza la línea hacia arriba por una 3ra mayor para tocar la tónica menor melódica.

Para interiorizar este importante concepto trata de resolver los ejemplos 17e-17h desplazando la frase A7 hacia arriba por una 3ra mayor.

El primero de ellos se muestra en el **ejemplo 17k:**

Por supuesto, no tienes que comenzar tu patrón en la "misma" nota cuando cambias de posición. Aquí hay algunas líneas que aún cambian de la manera que hemos estudiado, pero se mueven más fluidamente de una posición a otra.

**Ejemplo 17l:**

**Ejemplo 17m:**

# Cambios de tonalidades y solos más largos

Como probablemente sepas, las progresiones de acordes de jazz rara vez son estáticas y a menudo cambian de centros tonales muchas veces en el espacio de unos pocos compases. Si bien es un objetivo importante ser capaz de cambiar la tonalidad (apuntándole a las notas de arpegio adecuadas) en cualquier posición de la guitarra, por ahora podemos centrarnos en algunas técnicas útiles para adaptar las ideas que ya conocemos en nuevas tonalidades simplemente mediante un cambio de posición en el diapasón.

El secreto es aprender todas nuestras líneas y patrones como si empezaran desde notas de arpegio específicas en relación con un voicing de acorde.

A modo de ejemplo, mira la siguiente progresión de acordes. Se compone de dos progresiones de ii V i menor. La primera está en la tonalidad de D menor y la segunda está en la tonalidad de F menor.

Vamos a utilizar el siguiente lick, **ejemplo 18a** para tocar un solo sobre estos cambios de acordes.

Esta línea empieza en la nota "G" que es la b3 del acorde Em7. Asegúrate de poder tocarla de memoria.

Ahora recordemos cómo está ubicado el acorde y arpegio Em7b5 en la guitarra:

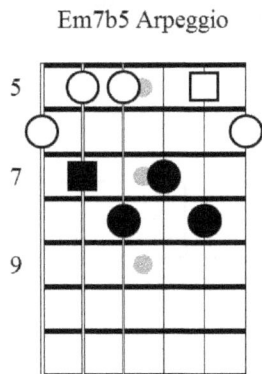

Em7b5 Arpeggio

Como puedes ver, el lick del ejemplo 18a comienza a partir de una nota de acorde; el punto sólido en la segunda cuerda. Visualiza este acorde a medida que tocas las 8 primeras notas de la línea.

Saber dónde comienza esta línea en relación con el acorde que estamos visualizando nos ayuda cuando cambiamos centros tonales. Todo lo que tenemos que hacer es trasladar la forma del acorde y empezar nuestro lick desde el mismo tono de acorde. Vamos a tocar de forma automática la misma línea en una tonalidad diferente. Es como mover acordes con cejilla.

Toca el acorde anterior en el 10mo traste de la guitarra. Ahora es un Gm7b5. Toca el mismo lick de nuevo, pero ahora trasládalo hacia arriba en el diapasón para que empiece en la nota equivalente en el acorde Gm7b5 (segunda cuerda, undécimo traste).

**Ejemplo 18b:**

Cuando puedas tocar esta línea en la nueva posición, toca 18a y 18b con la pista de acompañamiento 10 como se muestra en el **ejemplo 18c:**

**Em7(b5)**  **A7(b13 b9)**  **Dm7**

C.A.N.

**Gm7(b5)**  **C7(b13 b9)**  **Fm7**

C.A.N.

Usando este método podemos aprender fácilmente a apuntarle a los cambios.

Prueba el **ejemplo 18d:**

**Em7(b5)**  **A7**  **Dm7**

Este lick comienza a partir de la fundamental del acorde Em7b5 y utiliza la escala frigia dominante bebop. Cuando las hayas aprendido de memoria, trata de transponerla para que sea un lick de ii V i menor en la tonalidad de F menor como lo hicimos antes.

Trata de no "hacer trampa" mirando la respuesta en el siguiente ejemplo a menos que realmente lo necesites. Simplemente visualiza la línea a partir de la fundamental de tu forma de acorde m7b5 y desliza el acorde hacia arriba por el diapasón hasta el 10mo traste; Gm7b5.

**Ejemplo 18e:**

Ahora algo un poco más complicado: vamos a usar la línea de *18d para el ii V i en D* y la línea de *18a para tocar un solo sobre el ii V i en F menor.*

**Ejemplo 18f:**

Como puedes ver, combinando diferentes líneas de esta manera puedes utilizar diferentes lick sobre cada conjunto de cambios de acordes. También es una gran manera de combinar diferentes conceptos de los solos. Sobre una ii V i podrías utilizar una idea de escala alterada, en otra podrías utilizar una línea mixolidia bebop desde la b3 del dominante. Esto mantendrá tu interpretación fresca, interesante y llena de nuevos sonidos.

Mi sugerencia es inicialmente aprender o escribir dos licks para cada nota de arpegio del acorde Em7b5 (1 b3 b5 b7), uno ascendente y otro descendente. Esto te da un mínimo de ocho líneas para tocar en una ii V i.

He seleccionado algunas líneas como buenos puntos de partida para ti aquí, pero tienes la libertad de elegir tus favoritos del libro. Aún mejor: escribe tus propios licks para que tu interpretación sea única y expresiva de *tu* propia voz musical.

(La línea anterior inicia a partir de la 3ra de A7)

Em7(b5)    A7(b13/b9)    Dm7

Em7(b5)    A7(b13/b9)    Dm7

E Locrian Natural 9 Bebop    A Altered Scale    C.A.N.    D Aeolian Bebop

Sobre cambios cortos/rápidos es posible que quieras aprender tus líneas alrededor de la forma de arpegio/acorde para el acorde dominante pues normalmente vemos al acorde ii(m7b5) como un dominante suspendido como viste anteriormente.

Al adoptar este enfoque, aprenderás a mezclar muchos diferentes conceptos musicales cuando tocas un solo en diferentes progresiones de acordes de ii V i menor. Lo mejor es que tus líneas comienzan a combinarse naturalmente entre sí y llegan a ser únicas para ti. Tus oídos empezarán a guiarte y podrás prescindir de los licks por completo.

Las líneas de este libro no son "Los licks" que tienes que saber. Simplemente son mis demostraciones de cómo aplicar diferentes conceptos melódicos en la guitarra en una posición. ¡Ni siquiera hemos *mencionado* el ritmo todavía!
Mi consejo para ti es que trates todo lo que leas y toques en este libro como un entrenamiento del oído. Sólo mediante el desarrollo de nuestros oídos podemos tener acceso a aquello que realmente queremos expresar.

# Aplicación en diferentes posiciones del diapasón

Creo firmemente que aprender a tocar solos sobre cambios de acordes de jazz en una posición en el diapasón es la forma más rápida y más eficiente para obtener un repertorio melódico bueno y articulado. Esto no sólo te enseñará los conceptos, sino que también entrenará a tus oídos para escucharlos y para ser capaces de producirlos de manera inconsciente. Eliminar todas las posibles distracciones de las diferentes posiciones sobre el diapasón nos mantiene centrados e impulsados hacia nuestros objetivos.

Cuando estés listo para explorar otras posiciones en el diapasón, yo recomendaría elegir una tonalidad diferente para trabajar. En este capítulo te daré todas las herramientas que necesitas para aplicar los conceptos a una **ii V i menor en G menor**; sin embargo, es tu responsabilidad aplicarlo. Aprenderás más de esta manera que lo que cualquier libro te podrá enseñar jamás.

Aquí, el acorde ii(m7b5) se encuentra en la sexta cuerda, el acorde V(7) está en la quinta cuerda y la tónica se encuentra en la sexta cuerda.

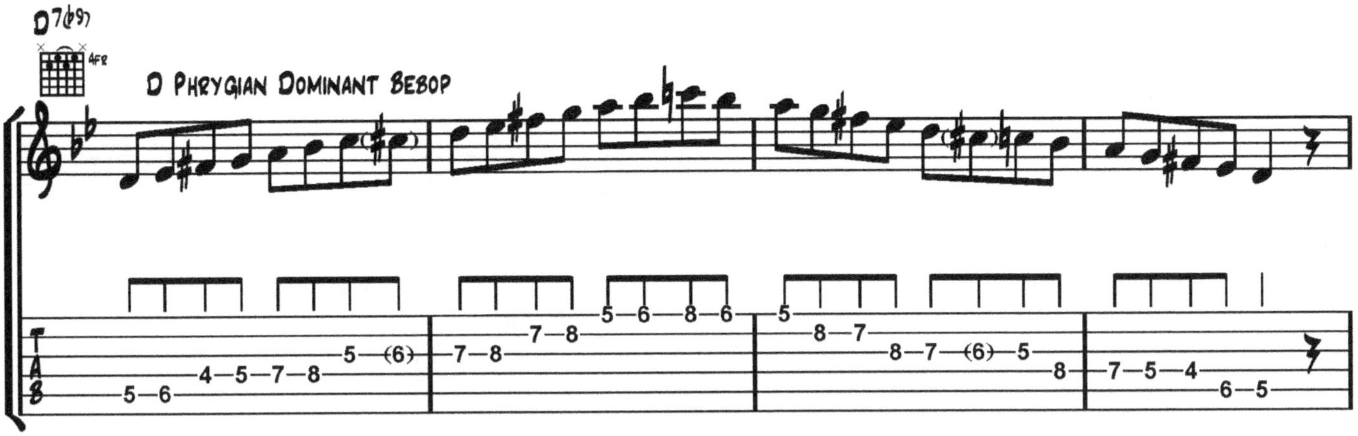
D7(♭9)
4fr
D Phrygian Dominant Bebop

Gm7
G Aeolian Bebop

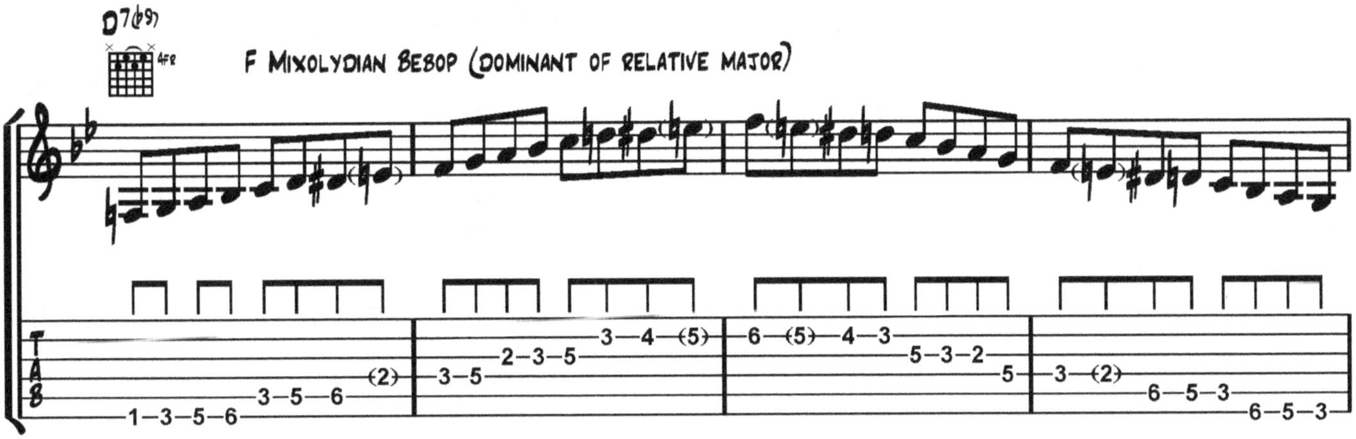
D7(♭9)
4fr
F Mixolydian Bebop (dominant of relative major)

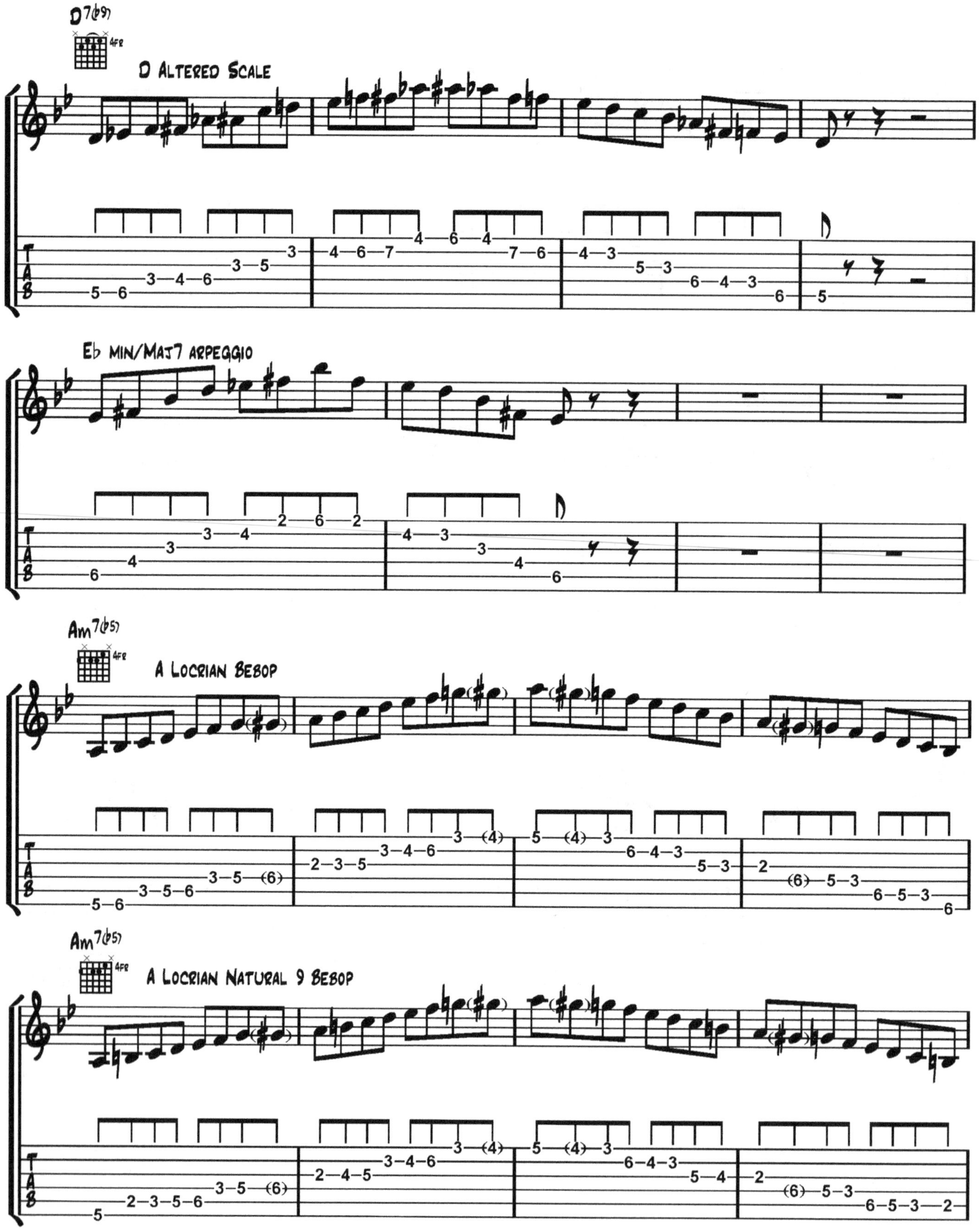
D7(b9)
4FR
D Altered Scale
Eb min/Maj7 arpeggio
Am7(b5)
4FR
A Locrian Bebop
Am7(b5)
4FR
A Locrian Natural 9 Bebop

**G Melodic Minor Bebop**

```
T|-----------------------------------2---3-2-------------------------------------|
A|-----------------------3-(4)-5-----------5-(4)-3---------------5-4-2------------|
B|---------3-5-(6)-2-4-5-2-3-5------------------5-3-2-------(6)-5-3-------6-5------|
  |-3-5-6-3-5-(6)-----------------------------------------------------------------|
```

Como siempre, las digitaciones de la tablatura son sólo sugerencias. Ve despacio e interioriza una idea antes de continuar.

Las páginas anteriores pueden parecer bastante intimidantes; sin embargo, no hay nada aquí que no hayas cubierto en una posición diferente del diapasón anteriormente en este libro. Yo sugeriría que trabajes a través de todo el libro de nuevo, pero reemplazando las escalas y arpegios anteriores por los que se enumeran aquí.

# Conclusiones y puntos clave

Hay una cantidad colosal de información en este libro que me ha llevado años para estudiar e incorporar en mi forma de tocar. Yo utilizo algunas ideas más que otras y ciertamente tengo mis favoritas.

Una cosa que la mayoría de los estudiantes parecen olvidar a la hora de aprender a tocar la guitarra de jazz en solitario es que la melodía debería inspirar el solo. Demasiados músicos terminan de tocar la parte principal de la melodía y luego tratan a los siguientes 32 compases como un lienzo en blanco para hacer alarde de todos sus licks. Esa no es una forma musical de abordar los solos de guitarra de jazz.

El primer paso para aprender una melodía es hacer precisamente eso: ¡APRENDER LA MELODIA! Aprende los acordes después. Tus solos se beneficiarán enormemente de tener la melodía con fuerza en tus oídos, ya que no sólo vas a tener una melodía que puedes simplemente embellecer, también tendrás ya las notas objetivo fuertes de la canción en tu cabeza.

Si estás tocando un estándar de jazz, ¿por qué no aprender las letras y cantarlo mientras lo tocas? Esto te ayudará a interiorizar profundamente la melodía, los acordes y la forma, ayudándote a nunca estar "perdido" en los cambios.

Conocer la melodía al derecho y al revés también te guiará hacia los conceptos de los solos más adecuados para usar. Si la canción ha estado enfatizando fuertemente el frigio dominante, ¿realmente crees que lo mejor que se puede hacer es empezar a usar de inmediato ideas de la escala alterada?

No hay cosas correctas o incorrectas porque la música es subjetiva, pero me inclinaría hacia tocar los solos utilizando las escalas con las cuales se construyó la canción inicialmente, antes de pasar a conceptos armónicamente más distantes en estribillos posteriores.

También, conoce tu género musical. El enfoque bebop se basa fuertemente en arpegios apropiados con notas de aproximación cromáticas. Otras formas de jazz lo son menos. Tus oídos, no tus dedos, son tus mejores amigos aquí: escucha cómo varios músicos diferentes abordan la canción que estás aprendiendo. Intenta transcribir un estribillo o simplemente un lick o dos.

Es mejor tener un concepto dominado firmemente que gastar tu tiempo tratando de mantener diez platos diferentes girando. Cuando sea el momento de tocar un solo tocarás tus líneas con confianza y buen tiempo. Pensar en todas las diferentes posibilidades que *podrías* estar utilizando te distrae de nuestro único objetivo absoluto: la expresión.

Comprométete con la idea. Es mejor tocar un par de notas "equivocadas" pero con seguridad en un solo que 100 notas débiles, inseguras e inarticuladas porque estás pensando demasiado. Créeme: yo sufrí de ese mal por años. En caso de duda, mantenlo simple y **comprométete con la idea.**

Algunas buenas melodías de ii V i menor para empezar son:
*Softly as in a Morning Sunrise, Alone Together,* y *Stella by Starlight*

Mi mejor consejo es que apliques cualquier nuevo concepto de solos a una melodía real tan pronto como puedas.
Esto hará que la teoría cobre vida y te ayudará a interiorizar cada sonido en un entorno realista. Si sólo aprendes un concepto de forma aislada te encontrarás con que la idea será difícil de "activar" en una situación en vivo. Acostúmbrate a estas ideas tocando música real.
Que te diviertas.